فكر اللّه نحو المال

ديريك برنس

فكر الله نحو المال

Originally published in English under the title
God's Plan for Your Money
ISBN 978-0-88368-707-9

Copyright © 1973, 2002 Derek Prince Ministries–International.
All rights reserved.

المــؤلــــف: ديريك برنس
النــا شـــر: المؤسسة الدولية للخدمات الاعلامية
ت: ٩٨٨٩ ٨٥٥ ١٠٠ ٢٠+
ت: ٢٣٤١٨٨٦١ ٢٠٢+
ت: ٢٦٣٧٣٦٨٦ ٢٠٢+

المطبعــــــة: مطبعة سان مارك
التجهيـز الفنــي: جي سي سنتر
الموقع الالكتروني: www.dpmarabic.com
البريـد الالكترونـي: sales@dpmarabic.com
رقــم الايـــداع: ٢٢٠٦٣١/١٠/٢٠٠٧
الترقيـم الدولـي: 977-6194-14-1

جميع حقوق الطبع في النسخة العربية محفوظة ©
المؤسسة الدولية للخدمات الإعلامية
ولا يجوز استخدام أو اقتباس أي جزء أو رسومات توضيحية
من الواردة في هذا الكتاب
بأي شكل من الأشكال إلا بإذن مسبق

Derek Prince Ministries–International
PO Box 19501
Charlotte, North Carolina 28219
USA
Translation is published by permission

Copyright © ٢٠١٣ Derek Prince Ministries–International

www.derekprince.com

DPM

المحتويات

الفصل الأول: خطة الله الشاملة ٥
الفصل الثاني: الله أم المال ١٣
الفصل الثالث: العطاء جزء من العبادة ٢١
الفصل الرابع: كيف نضع الله أولاً ٢٩
الفصل الخامس: التحدي الأعظم ٣٩
الفصل السادس: نعمة العطاء ٤٩
الفصل السابع: قدم نفسك أولاً ٥٧
الفصل الثامن: علاقة من جانبين ٦٥
الفصل التاسع: كيف تزرع؟ ٧٥
الفصل العاشر: فيض من الله ٨٥

الفصل الأول
خطة اللّه الشاملة

قد يدهشك أن تعرف أن لدى الله خطة تخص مالك؛ ربما تظن أنّ المال أكثر دناءةً من أن يهتم به المؤمنون الروحيون، أو ربما نشأت في بيئة متدينة تنظر إلى المال على أنه «عُملة قذرة»! إلا أن هذه المواقف ومثلها لا تعبر عن وجهة نظر الكتاب المقدس. يلعب المال في مجتمعنا المعاصر دوراً كبيراً في حياة كل إنسان؛ فإن لم يكن لدى الله خطة نحو أموالنا، يكون قد طرح واحداً من أهم جوانب الحياة خارج إطار سيطرته، الأمر الذي كان سيؤثربلا شكعلى جوانب أخرى من حياتنا. والواقع أنَّ الكثير من المؤمنين الذين لا يعيشون فعلاً تحت قيادة الله، يحاولون مواجهة مشاكلهم بالسعي إلى

مزيد من الروحانية، إلا أن الحل في أكثر الأحيان هو المزيد من التوجهات العملية. إن كنت لا تدير أمورك المالية بما يناسب خطة الله، فالاضطراب والتفكك هو حال حياتك كلها، ومهما كنت روحياً في أمور أخرى كثيرة، فإنك لن تعرف البركة الحقيقية، ولن تتمتع بالقيادة الإلهية، إلى أن تضع مالك في مكانه المناسب من خطة الله كما هي معلنة في كلمته، وقد أعلن الكتاب المقدس بوضوح أنّ الله قد أقر بالفعل خطة الله نحو المال. ومن واجبيكمُعَلِّم لكلمة اللهأن أُبيِّن لكم خطة الله نحو المال، بالقدر نفسه الذي أُبيِّن فيه خطة الله في أية ناحية أخرى من الحياة. يقول بولس في سفر أعمال الرسل: «(أنتم تعلمون) **كَيْفَ لَمْ أُؤَخِّرْ شَيْئاً مِنَ الْفَوَائِدِ إِلاَّ وَأَخْبَرْتُكُمْ، وَعَلَّمْتُكُمْ بِهِ جَهْراً وَفِي كُلِّ بَيْتٍ،... لأَنِّي لَمْ أُؤَخِّرْ أَنْ أُخْبِرَكُمْ بِكُلِّ مَشُورَةِ اللهِ.**» (أعمال ٢٠: ٢٠، ٢٧). أي أن بولس أعلن لهم مجمل إرادة الله، وعلمهم كل ما في كلمة

الله النافعة لحياتهم. وتتضمن إرادة الله الكاملة وإرادته نحو المال، فهي جزء من خطة الله الشاملة.

وأود أن أؤكد بشكل عام أن الله وضع خطة تشمل كل مجالات حياتنا. يقول بولس في (رومية ١٢: ١):

« **فَأَطْلُبُ إِلَيْكُمْ أَيُّهَا الإِخْوَةُ بِرَأْفَةِ اللهِ أَنْ تُقَدِّمُوا أَجْسَادَكُمْ ذَبِيحَةً حَيَّةً مُقَدَّسَةً مَرْضِيَّةً عِنْدَ اللهِ، عِبَادَتَكُمُ الْعَقْلِيَّةَ.** » أو «عبادتكم الروحية»، كما تقترح ترجمات أخرى*. لاحظ أن العبادة الروحية تشمل أجسادنا؛ إنها تنفذ إلى عالم المادة.

يعتقد بعض الناس أن الجسد ليس روحياً، لكن أن تكون روحياً يتضمن أن تستخدم جسدك كما ينبغي، مقدماً إياه ذبيحة حية لله.

ويتابع بولس قائلاً:

* ترجمات أخرى: (الترجمة العربية الجديدة، المشتركة)، (الترجمة الكاثوليكية). وهذا يطابق النشص الإنجليزي الذي اعتمده المؤلف.

« وَلاَ تُشَاكِلُوا هَذَا الدَّهْرَ، بَلْ تَغَيَّرُوا عَنْ شَكْلِكُمْ بِتَجْدِيدِ أَذْهَانِكُمْ، لِتَخْتَبِرُوا مَا هِيَ إِرَادَةُ اللهِ الصَّالِحَةُ الْمَرْضِيَّةُ الْكَامِلَةُ. »

كلمات ثلاث جميلة تكشف ثلاث مراحل متتابعة في إرادة **الله**: فهي إرادة «صالحة» و«مرضية» (أي مقبولة ومُسرَّة) و«كاملة». هذه الكلمات تمثل المراحل الثلاث في إدراكنا لإرادة **الله**.

يبدأ إدراكنا لإرادة **الله** باكتشاف أنها إرادة صالحة؛ فالله لا يريد ما هو سيء لشعبه أبداً. ثم نعرف أن إرادة **الله** مَرْضِيَّة ومقبولة ومُسِرَّة، كلما تعمقنا فيها، ازداد شغفنا وتَمَسُّكُنا بها. وأخيراً وبينما نتابع ونستمر في فهمنا وتطبيقنا لإرادة **الله**، ندرك أنها كاملة. إن كمال إرادة **الله** وشموليتها يغطيان كل مجالات حياتك، وهذا يتضمن مالك أيضاً.

ويقدم بولس خطوتين أساسيتين في طريق اكتشاف إرادة الله:

أولاً: قدم نفسك لله مستسلماً بين يديه بلا تحفظ. يحثنا بولس على وضع أجسادنا على المذبح كذبيحة حية، وهو يقتبس هنا صورة من ذبائح العهد القديم حيث كانت الحيوانات تُذبح وتقدم على المذبح علامة على فرزها وتخصيصها لله. ويقول بولس إنك ينبغي أن تفعل ذلك بجسدك، فتقدمه على مذبح خدمة الله بلا تحفظ. الفرق الوحيد هو أنك لا تقتل الجسد، لكنك تقدمه ذبيحة حية.

الخطوة الأساسية الثانية في طريق اكتشاف إرادة الله هي أن تتعلم كيف تفكر بطريقة الله، ويسمي بولس ذلك «تجديد الذهن». هذا يعني تغيير منظورك إلى الحياة بصورة كلية، بما في ذلك تغيير طريقة تفكيرك، وتغيير قِيَمك ومبادئك ومقاييسك

وأولوياتك، فإن لم يتجدد ذهنك، لا تستطيع أن تدرك إرادة الله.

وأود أن أُلفت النظر إلى ناحيةٍ بالغة الأهمية بخصوص ما تملِكُه من مال، لا تقلل من شأن مالك، أو تنتقص من قيمته أو تستهين به، أو تظن بأنه غير روحي أو غير ضروري. ما الذي يمثله مالك في الواقع؟ أعتقد أنه يمثل أربعة أمور بالنسبة إليك: وقتك، قوتك، مواهبك وإمكانياتك، وربما ميراثك أيضاً.

وقد يتضمن الميراث مالاً أو أشياء أخرى ثمينة (بيت أو أرض إلخ ...) وهي أشياء انتقلت إليك من أشخاص أحبوك واعتنوا بك، ثم انتقلوا من هذه الحياة. ربما التحقت بدراسة معينة بذلت فيها جهداً لا بأس به من أجل تعليمك. وكل سنوات الدراسة

تلك يمكن تمثيلها بالمال الذي تملكه، حيث أن التعليم كان سبيلك إلى الحصول على بعض المال. وربما تتمتع بمواهب وإمكانيات لا ترتبط بالمجال الأكاديمي، لكنها عملية في طبيعتها، ويُمَثِّل المال هذه المواهب. وبالتأكيد، فإن مالك يُمَثِّل وقتك. إن كنت تعمل ثماني ساعات في اليوم، وستة أيام في الأسبوع فأنت تستثمر ثمان وأربعين ساعة من حياتك أسبوعياً لكي تكسب المال.

وعندما تستثمر مالك فأنت تستثمر جزءاً كبيراً من نفسك، سواءً كان ذلك الاستثمار خيراً أم شراً، وأرجو أن تكون قد بدأت ترى أهمية استثمار نفسك من خلال مالك في كل ما هو صالح وموافق لإرادة الله وخطته.

إذاً؛ فخطة الله لحياتك تتضمن مالك أيضاً، ويُلَخِّصُ الكتاب إرادة الله بهذا الخصوص في كلمة

جميلة واحدة نجدها في (٣يوحنا ١: ٢) حيث يقول يوحنا لأحد الإخوة المؤمنين: «أَيُّهَا الْحَبِيبُ، فِي كُلِّ شَيْءٍ أَرُومُ أَنْ تَكُونَ نَاجِحاً وَصَحِيحاً».

لاحظ الكلمة المركزية في هذا العدد، إنها كلمة «ناجح» وهي تشمل ثلاثة جوانب:

الصحة الجسدية، الصحة النفسية، الاحتياجات المالية والمادية. والنجاح هو إرادة الله المعلنة نحو هذه الجوانب جميعها؛ يريد الله لك النجاح في نفسك وفي جسدك وفي مالك.

الفشل والهزيمة والإحباط والفقر، ليست هي إرادة الله. لقد نشأتُ في تقليد ديني يقول إن القداسة تتطلب الفقر. ومع احترامي لمن يعتقد ذلك، أقول إن اعتقاده لا يمت بصلة إلى كلمة الله.

الفصل الثاني

اللّه أم المال (Mammon)؟

ينبغي أن نعلم أن موقفنا الشخصي نحو المال مهم جداً، ويمكن تلخيص ذلك بالمبدأ التالي: موقفك من المال يُعَبِّرُ عن موقفك من الله نفسه. وأود هنا أن أقتبس كلمات الرب يسوع بخصوص هذا الموضوع، حيث يؤكِّد في عظته على الجبل ما يلي:

«لاَ يَقْدِرُ أَحَدٌ أَنْ يَخْدِمَ سَيِّدَيْنِ، لأَنَّهُ إِمَّا أَنْ يُبْغِضَ الْوَاحِدَ وَيُحِبَّ الآخَرَ، أَوْ يُلاَزِمَ الْوَاحِدَ وَيَحْتَقِرَ الآخَرَ. لاَ تَقْدِرُونَ أَنْ تَخْدِمُوا اللَّهَ وَالْمَالَ.»

(متى ٦: ٢٤)

فلننظر أولاً في كلمة «مال» في هذا النص وإلى أصلها اللغوي «Mammon*» وحقيقة ما يعنيه.

---

*: Mammon تشير القواميس إلى أنه اسم مفرد ليس له جمع، وهو اسم «إله الجشع» (روح شرير). وربما يعود أصل هذا الاسم إلى اللغات السامية القديمة.

تستخـدم جميع الترجمات العربيـة المتوفرة الكلمة «مـال» في ترجمة الكلمـة «Mammon» إلا أن ذلك لا يعـبر عـن معناها تمامـاً لأن هذا الاسـم يعني أكثر مـن مجـرد «مـال»، فهـو اسم لقـوة روحيـة شريرة تسيطـر علـى الإنسـان وتستعبده عن طريـق المال. «Mammon» ليس هو المال نفسه، لكنه القوة الروحية التي تعمل في العالم وفي حياة الملايين من النـاس، وذلك من خلال مواقفهم نحو المال.

يقول يسوع: « **لاَ تَقْدِرُونَ أَنْ تَخْدِمُوا اللَّهَ وَالْمَالَ.** (Mammon)» وكان قـد أوضـح ذلك بقولـه: « **لاَ يَقْدِرُ أَحَـدٌ أَنْ يَخْدِمَ سَيِّدَيْنِ، لأَنَّهُ إِمَّـا أَنْ يُبْغِضَ الْوَاحِدَ وَيُحِبَّ الآخَرَ، أَوْ يُلاَزِمَ الْوَاحِدَ وَيَحْتَقِرَ الآخَرَ.** » وفي الحالتين يضـع يسوع **الله** أولاً ثم «Mammon»؛ فإما أن تبغض **الله** وتحـب «Mommon» « أو تـلازم **الله** وتحتقـر «Mammon» وهذا مبدأ خطـير، فإن أحببت «Mammon» فإنـك تبغض **الله**، وإن لازمـت **الله**

وتمسكـت بـه فلابد أن تحتقـر «Mammon» ولا يعني هــذا ضرورة أن نكره الكل، بل أن ننفر من تلك القوة الشيطانية التي تحــاول استعباد الإنسان من خلال المــال؛ ينبغــي أن تبغضهــا، وتمنعها مـن السيطرة عليك.

لا يمكـن الوقـوف موقـف الحيـاد مـن هــذا الموضوع، بل ينبغــي أن نختـار بين سيادة **الله** على حياتنا وسيادة «Mammon» وليس ذلك إختياراً بين الخدمــة وعدمها، بل هو اختيار تجاه خدمتنا: نخدم **الله** أم نخـدم «Mammon» ويقول يسـوع إنها مسألة أولويات:

«... اطْلُبُــوا أَوَّلاً مَلَكُوتَ اللَّهِ وَبِــرَّهُ، وَهَذِهِ كُلُّهَا تُزَادُ لَكُمْ.» (متى ٦: ٣٣).

فيسوع لا ينكر علينا أن نتمتع بـ«كل هذه!» لكنه يطلب ألا نضع «كل هذه» أولاً. ينبغي أن نضع ملكوت **الله** وبـرَّه أولاً وباستمـرار في حياتنــا، وهـذا يعني

الالتـزام بالله وبملكوته وبـأهدافـه. ويقول يسوع إن عـدم سعينـا وراء «Mammon» وخدمتنا للإله الحي بالمقابـل، وطلبنـا لملكوتـه وبره يـؤدي إلى أن يسد الله جميـع احتياجاتنا المـاديـة والمالية زيادة على بركاته الروحية.

إن الجـري وراء جَنْـي الأمـوال جهـد فظيع يثير التوتـر ويقود إلى إحباط كبير، فلا تطارد المال. هذا ما يعنيه يسوع: دع المال يسعى وراءك؛ فإن سرت في مسـار الحيـاة الصحيـح، يُـزاد لك المـال، ولست مضطراً لمنع نفسك عن النوم، أو قضاء أفضل وقتك لتدبير خطط الكسب والثراء.

لقد التزمت بهـذا المبـدأ أكثر من أربعـين سنة، وأستطيع الآن بنعمة الرب أن أشهد على أمانة إلهي. لقد امتحن الله إيماني أحياناً، وأحيانـاً كان لزاماً عليَّ أن أنكر أموراً تتعلق بذاتـي، مع أنَّ العالم يقدِّر تلـك الأمور ويعتبرها مهمة جداً، ولكن عندما أتأمل

في كل الظروف التي جُـزْتُ فيها، أجد نفسي مَسُوقاً للقول إن **الله** كان معي أميناً كل الأمانة.

هـذا المبدأ الداعـي إلى وضـع **الله** أولاً، نراه عبر الكتاب المقدس كله. فيما يلي عددان رائعان نجدهما في الإصحاح الثالث من سفر الأمثال:

«أَكْرِم الرَّبَّ مِـنْ مَالِكَ وَمِنْ كُلِّ بَاكُـورَاتِ غَلَّتِكَ، فَتَمْتَلِئَ خَزَائِنُكَ شِبَعاً، وَتَفِيضَ مَعَاصِرُكَ مِسْطَاراً.»

(أمثال ٣: ٩ـ ١٠).

وتشير «المخازن» و «المعاصر» إلى احتياجاتك المادية، والتي سيسدها **الله** بامتلاء وفيض عندما تكرمه من مالك. أمَّا كيف تكرم **الله** من مالك فيكون بتقديم «الباكورة» **لله**. وهذا يعني تخصيص أَول (أو أفضـل) حصَّةٍ **لله**، والواقـع أننا لا نملك خيار الحياد هنا، فإما أن نكرم **الله** بأموالنا أو نهينه!

اقبل مني هـذه الكلمات بمحبة: **الله** لا يريد

منــك بقشيشاً! فلا ترم قطعة نقـد زائدة في صندوق التقدمــات، فـأنت تـهين **الله** بذلك. والواقـع أن إلقـاء مـا يســاوي دولاراً في التقدمـة هــو إهـانـة للرب بـالنسبة لمعظـم النـاس اليوم، فـأنت تضـع مــا يساوي دولاراً في يــد من يرتب لك مـائدتــك في المطعم، فلا تـعـامـل **الله** بـالطريقـة نفسهـا إذ أنك تـهينـه بذلك.

كمــا تشير كلمــة **الله** إلى أن تقديم المـال على **الله** هـو عبـادة أوثـان:

« **فَأَمِيتُــوا أَعْضَاءَكُمُ الَّتِي عَلَــى الأَرْضِ: الزِّنَـا، النَّجَاسَـــةَ، الْهَوَى، الشَّهْوَةَ الرَّدِيَّـــةَ، الطَّمَعَ الَّذِي هُوَ عِبَادَةُ الأَوْثَانِ،** » (كولوسي ٣: ٥).

يقول بولس أن الطمــع هـو عبـادة أوثـان؛ عندمـا تطلــب المـال أولاً، تجعل المـال إلـهاً لك، وهذه عبـادة أوثــان. قـــال **الله** لشعبـــه القديم: « **لا يَكُــنْ لكَ آلِـهَةٌ أُخْـــرَى أَمَامِي.** » (تثنيــة ٥: ٧) أي (لا يكــن لك آلـهة أخرى ســواي» (الترجمــة العربيــة المشتركة). ومـا

أكثر الذين اتخذوا لهم من المال إلهاً في مجتمعاتنا المعاصرة هذه تاركين الإله الحقيقي! وهم بذلك مذنبون بعبادة الأوثان.

لاحظ أيضاً أن بولس، في رسالته إلى أهل كولوسي، يضع الطمع جنباً إلى جنب مع الكثير من الأمور السيئة كالزنا والنجاسة. ولا تقبل معظم الكنائس أولئك الذين يعيشون في الزنا، لكن كنائسنا بصراحة مملوءة بمن يعيشون حياة الطمع وعبادة الأوثان.

وفي (١ تيموثاوس ٦: ٩ـ ١١)، هناك تحذير من تأليه المال والسعي وراء الغنى:

«وَأَمَّا الَّذِينَ يُرِيدُونَ أَنْ يَكُونُوا أَغْنِيَاءَ فَيَسْقُطُونَ فِي تَجْرِبَةٍ وَفَخٍّ وَشَهَوَاتٍ كَثِيرَةٍ غَبِيَّةٍ وَمُضِرَّةٍ تُغَرِّقُ النَّاسَ فِي الْعَطَبِ وَالْهَلاَكِ، لأَنَّ مَحَبَّةَ الْمَالِ أَصْلٌ لِكُلِّ الشُّرُورِ [ليس المال شراً بحد ذاته، بل محبة المال]، الَّذِي إِذِ ابْتَغَاهُ قَوْمٌ ضَلُّوا عَنِ الإِيمَانِ، وَطَعَنُوا

أَنْفُسَهُمْ بِأَوْجَاعٍ كَثِيرَةٍ. [والآن إلى العلاج البديل] وَأَمَّا أَنْتَ يَا إِنْسَانَ اللهِ فَاهْرُبْ مِنْ هَذَا [أي من المادية والطمع ومحبة المال.]، وَاتْبَعِ الْبِرَّ وَالتَّقْوَى وَالإِيمَانَ وَالْمَحَبَّةَ وَالصَّبْرَ وَالْوَدَاعَةَ.»

لا يمكن لحياتنا أن تمتلئ بفراغ! إن أردنا أن نتخلص من محبة المال، ينبغي أن نتبع شيئاً آخر يأخذ مكانها. يقول بولس: «وَاتْبَعِ الْبِرَّ وَالتَّقْوَى وَالإِيمَانَ وَالْمَحَبَّةَ وَالصَّبْرَ وَالْوَدَاعَةَ.»

الإيمان ضروري لكسر سلطان «Mammon» في حياتك، فلابد أن يأتي الوقت لكي تفعل شيئاً بخصوص تحريرك من سيطرته، وأستطيع أن أتذكر ما حدث لحياتي عندما قدمت كل أموالي وممتلكاتي لعمل الرب، وتخليت عن عمل راق وراتب كبير ومستقبل مهني باهر، متسلحاً بالإيمان وحده، ولا أعتمد على شيء سوى وعود الله. عندما فعلت ذلك، تحطمت سيطرة «Mammon» على حياتي. نعم، لقد رفضت أن أكون عبداً له.

الفصل الثالث

العطاء جزءٌ من العبادة

يريد الله لنا أن ننظر إلى المال باعتباره شيئاً مقدساً نقدمه إليه في عبادتنا، وأن العبادة لا تكتمل من دونه. ونبدأ حديثنا هذا بأمثلة من العهد القديم.

في (خروج ٢٣: ١٤ـ ١٥)، أعطى الله تعليمات تقضي بأن يأتي كل ذكر من الشعب إلى أورشليم ثلاث مرات كل عام. كانوا مطالبين بأن يعبدوا الله ويُعَيِّدوا له في الهيكل. فيما يلي بعض تلك التعليمات:

«ثَلاَثَ مَرَّاتٍ تُعَيِّدُ لي في السَّنَةِ. تَحْفَظُ عِيدَ الْفَطِيرِ. تَأْكُلُ فَطِيراً سَبْعَةَ أَيَّامٍ كَمَا أَمَرْتُكَ في وَقْتِ شَهْرِ أَبِيبَ، لأَنَّهُ فِيهِ خَرَجْتَ مِنْ مِصْرَ. وَلاَ يَظْهَرُوا أَمَامِي فَارِغِينَ.»

كان هذا جزءاً من مراسم العبادة والأعياد التي أقرها الله في الهيكل. كان على الشعب أن يصعد في الوقت الذي يُعَيِّنهُ الله وبالطريقة التي يحددها، ولم يكن يُسمح لأحدهم أن يقف أمام الله فارغ اليد، بل كان ينبغي أن يحمل كل واحد تقدمته لله كجزء من العبادة والتعييد. ويقول كاتب المزمور لشعب الله جميعاً:

«**قَدِّمُوا لِلرَّبِّ مَجْدَ اسْمِهِ. هَاتُوا تَقْدِمَةً وَادْخُلُوا دِيَارَهُ. اسْجُدُوا لِلرَّبِّ فِي زِينَةٍ مُقَدَّسَةٍ.**»

(مزمور ٩٦: ٨- ٩).

«**هَاتُوا تَقْدِمَةً وَادْخُلُوا دِيَارَهُ.**» هذا ما يقوله الكتاب؛ فلا تأت بلا تقدمة. وفيما يلي ثلاث حقائق مهمة بخصوص تقدماتنا لله سواء المالية منها أو غير المالية:

أولاً: التقدمات تمجد الله. يقول صاحب المزمور:

«**قَدِّمُوا لِلرَّبِّ مَجْدَ اسْمِهِ.**» هاتوا تقدمة ... كيف نمجد **الله**؟ بأن نأتي بتقدمة.

ثانياً: التقدمات تدخلنا إلى ديار الرب، وليس لنا حق المطالبة بالدخول بلا تقدمة. يقول **الله** في (خروج ٢٣: ١٥):

«... **لاَ يَظْهَرُوا أَمَامِي فَارِغِينَ.**» فإن أردت الظهور أمام **الله**، والدخول إلى دياره، ينبغي أن تأتي بتقدمة.

ثالثاً: التقدمات جزء من العبادة أراده **الله**. يتابع صاحب المزمور قائلاً: «**اسْجُدُوا لِلرَّبِّ فِي زِينَةٍ مُقَدَّسَةٍ.**»، فعبادتنا لا تكتمل حتى نقدم للرب تقدماتنا.

رأينا في الفصل الأول أن تقديم أموالنا للرب إنما هو تقديم جزء مهم من حياتنا؛ فنحن نقدم له وقتنا وقوتنا ومواهبنا، حيث يصرف معظمنا

النصيب الأكبر من جهده في العمل الذي يؤمِّن له دخله؛ وعندما نعطي الله قسماً محدداً من دخلنا، فنحن نعطي أنفسنا له، ولا شيء أقدس من أنفسنا يمكن أن نعطيه لله.

إذاً يقصد الله أن يقول: «إن أردت أن تدخل دياري، وتظهر أمامي لتمجيدي وعبادتي بزينة مقدسة (أو بجمال القداسة) قدم تقدماتك.» العطاء والقداسة والعبادة هي أمور شديدة الترابط في خطة الله لحياتنا.

ومن الأمور الهامة التي لا يدركها الكثير من المؤمنين، حقيقة أن الله يحتفظ بسجل لما يقدمه شعبه؛ فلكل منا دفتر حساب عند الله. لتوضيح هذا نحتاج إلى قراءة الإصحاح السابع من سفر العدد، حيث نجد وصفاً لما قَدَّمَه رؤساء الأسباط الإثنى عشر لله. لقد قدم كل منهم التقدمة نفسها، مع ذلك

نجد أن الكتاب يسجل وصفاً مفصلاً لكل تقدمة على انفراد. لم يقل **الله**: «وقدم الرئيس الثاني ما قدمه الأول تماماً.» ولم يقل : «قدم كلٌ من الرؤساء الاثنى عشر ما يلي.» لكن النص المقدس يذهب إلى ذكر تفاصيل كل تقدمة من تقدمات الإثنى عشر رئيساً، علماً بأن الكتاب المقدس يتحرى الدقة، ولا يضيع مساحاتٍ منه في سرد ما هو غير ضروري. وعندما يقرر **الله** أن يعدد كل التقدمات بتفاصيلها رغم أنها مكررة، فإنه يريد أن يوضح الدقة والحرص الشديدين في تسجيل ما نقدمه له. فيما يلي سجل تقدمة الرئيس الأول:

« **وَقَرَّبَ الرُّؤَسَاءُ** [أو المشايخ أو الأمراء] **لِتَدْشِينِ الْمَذْبَحِ يَوْمَ مَسْحِهِ. وَقَدَّمَ الرُّؤَسَاءُ قَرَابِينَهُمْ أَمَامَ الْمَذْبَحِ. فَقَالَ الرَّبُّ لِمُوسَى: «رَئِيساً رَئِيساً فِي كُلِّ يَوْمٍ يُقَرِّبُونَ قَرَابِينَهُمْ لِتَدْشِينِ الْمَذْبَحِ»**. [وقد امتدت هذه العملية اثنى عشر يوماً] **وَالَّذِي قَرَّبَ**

قُرْبَانَــهُ في اليَوْمِ الأَوَّل نَحْشُونُ بْــنُ عَمِّينَادَابَ مِنْ سِبْــطِ يَهُوذَا. وَقُرْبَانُهُ طَبَقٌ وَاحِدٌ مِنْ فِضَّةٍ وَزْنُهُ مِئَةٌ وَثَلاثُونَ شَاقِلاً وَمِنْضَحَــةٌ وَاحِدَةٌ مِنْ فِضَّةٍ سَبْعُونَ شَاقِلاً عَلى شَاقِلِ القُدْسِ كِلْتَاهُمَا مَمْلُوءَتَانِ دَقِيقاً مَلتُوتاً بِزَيْتٍ لِتَقْدِمَةٍ وَصَحْنٌ وَاحِدٌ عَشَرَةُ شَوَاقِلَ مِنْ ذَهَبٍ مَمْلُوءٌ بَخُوراً [يعادل ذلك ألوف من الدولارات اليوم] وَثَوْرٌ وَاحِدٌ ابْنُ بَقَرٍ وَكَبْشٌ وَاحِدٌ وَخَرُوفٌ وَاحِدٌ حَوْلِيٌّ لِمُحْرَقَةٍ وَتَيْسٌ وَاحِدٌ مِنَ المَعَزِ لِذَبِيحَةِ خَطِيَّةٍ. وَلِذَبِيحَــةِ السَّلامَةِ ثَوْرَانِ وَخَمْسَــةُ كِبَاشٍ وَخَمْسَةُ تُيُوسٍ وَخَمْسَةُ خِرَافٍ حَوْلِيَّةٍ. هَذَا قُرْبَانُ نَحْشُونَ بْنِ عَمِّينَادَابَ.» (عدد ٧: ١٠ـ١٧).

لقــد احتفــظ الله بسجــل مطلق الدقــة لتقدمة كل رئيــس، وعمل على أن يحفظ ذلــك السجل في كلمته المكتوبــة بالتفصيــل الدقيــق. ومن هنــا يلزمنا أن نلاحظ درجة الأهمية التي يوليها الله لتقدمتنا.

ويعلمنــا العهد الجديد أن يسوع نفسه يراقب كيف

نقـدم تقدماتنـا. نقـرأ في (مرقس ١٢: ٤١- ٤٤) مـا يلي:

«**وَجلَسَ يَسُوعُ تُجَاهَ الْخِزَانَةِ، وَنَظرَ كَيْفَ يُلْقِي الْجَمْعُ نُحَاسـاً في الْخِزَانَــةِ. وَكَانَ أَغْنِيَاءُ كَثِيرُونَ يُلْقُونَ كَثِيراً. فَجَـاءَتْ أَرْمَلَةٌ فَقِــيرَةٌ وَأَلْقَتْ فَلْسَيْنِ قِيمَتُهُمَـا رُبْعٌ. فَدَعَا تَلاَمِيذَهُ وَقَالَ لَهُمْ: «الْحَقَّ أَقُولُ لَكُمْ: إِنَّ هذِهِ الأَرْمَلَةَ الْفَقِيرَةَ قَدْ أَلْقَتْ أَكْثَرَ مِنْ جَمِيعِ الَّذِيـنَ أَلْقَوْا في الْخِزَانَةِ، لأَنَّ الْجَمِيـعَ مِنْ فَضْلَتِهِمْ أَلْقَوْا، وَأَمَّا هذِهِ فَمِنْ إِعْوَازِهَا أَلْقَتْ كُلَّ مَا عِنْدَهَا كُلَّ مَعِيشَتِهَا**»».

لقـد رأى يسـوع أن يجلس وينظـر مراقباً كيف يلقي النـاس تقدمـاتهم. وهو مـا يزال يفعل ذلك اليوم أيضـاً. ربمـا لا نـراه، لكنـه هنـاك يراقـب كيف وكم نعطي. ونلاحظ هنـا نقطتين مهمتين:

أولاً: راقـب يسـوع مـا يقدمـه الجمـع وقدر قيمتـه

الحقيقية؛ يقيس الله ما نقدمه بمقدار ما نحتفظ به. ويعلن يسوع أن تلك المرأة التي قدمت أقل من الجميع (بالكمية الفعلية)، قد قدمت أكثر من الجميع لأنها لم تستبق شيئاً معها. تذكر، عندما يقيس الله ما تقدمه، ينظر إلى ما تستبقيه لنفسك.

النقطة الأخيرة هي أننا سنأتي إلى ذلك اليوم الذي نعطي فيه لله حساباً:

«فَإِذاً كُلُّ وَاحِدٍ مِنَّا سَيُعْطِي عَنْ نَفْسِهِ حِسَاباً لِلَّهِ.» (رومية ١٤: ١٢).

هذا ما ينتظر كل واحد منا. أما العبارة «يعطي حساباً» فهي من أصل يوناني يستخدم أساساً في مجال الشؤون المالية، الأمر الذي يؤكد أن كل واحد منا سيعطي عن نفسه حساباً مالياً لله.

الفصل الرابع
كيف نضع اللّه أولاً ؟

رأينـــا أن إرادة الله هـي أن ننظر إلى المـال كشيء مقدس، فنحن نميل إلى الاعتقاد بأن المال قذر وغير جديـر بالاهتمـام، وهـو اعتقادٌ خاطـئ. المال جزء منـا، وعندما نقـدم المال، إنما نقـدم لله جزءاً كبيراً مـن أنفسنا. ينبغي أن نقـدم أموالنـا في العبادة، ولا تكتمل عبادتنا إلا بذلك.

ندرس فيما يلي طريقة بسيطة (عملية وكتابية) تساعدنـا علـى وضـع الله أولاً عندمـا يتعلـق الأمر بتدبـير شئوننـا الماليـة. فلتمجيد الله وإكرامـه بأموالنـا، ينبغي أن نطلب ملكوت الله وبره، ثم نكرم الله بالباكـورة (أو الغلة). المفتـاح هـو الكلمة «أول» ومشتقاتهـا. فـإذا وضعنا المـال أولاً نكون عابدي

أوثان.

الطريقة البسيطة العملية الكتابية لكي تضع الله أولاً هي أن تخصص أول عشر من دخلك لله. وتعرف هذه الممارسة في التقليد باسم «دفع العشور» أو «التعشير» ﴿العشور جمع عُشر (١/ ١٠)﴾. والتعشير هو ممارسة منتظمة تتم بأن تفرز للرب أول عشر من مجمل دخلك. فإذا فعلت ذلك، تكون قد وضعت أساساً لإكرام الله بمالك.

تعود ممارسة دفع العشور إلى إبراهيم. يعتقد بعض المؤمنين أن هذه الممارسة قد تأسست تحت ناموس موسى لأول مرة، وذلك غير صحيح، إذ تعود العشور إلى أربعمائة سنة قبل الناموس على الأقل. ونقرأ في (تكوين ١٤: ١٢١٧) عن انتصار إبراهيم على مجموعة من الملوك في معركة عظيمة، ونرى كيف جمع غنائم كثيرة جداً بعد انتصاره. ويتابع الكتاب سرد أحداث تلك القصة قائلاً:

« **وَمَلْكِي صَادِقُ مَلِكُ شَالِيمَ أَخْرَجَ خُبْزاً وَخَمْراً. وَكَانَ كَاهِناً لِلَّهِ الْعَلِيِّ. وَبَارَكَهُ وَقَالَ:** « **مُبَارَكٌ أَبْرَامُ مِنَ اللهِ الْعَلِيِّ مَالِكِ السَّمَاوَاتِ وَالأَرْضِ، وَمُبَارَكٌ اللهُ الْعَلِيُّ الَّذِي أَسْلَمَ أَعْدَاءَكَ فِي يَدِكَ** ». **فَأَعْطَاهُ عُشْراً مِنْ كُلِّ شَيْءٍ.** » (تكوين ١٤: ١٨- ٢٠).

كان ملكي صادق كاهناً لله العلي، أي أنه كان ممثل الله على الأرض في ذلك الزمان. وقد بارك ملكي صادق إبراهيم، فكيف تجاوب إبراهيم مع ذلك؟ لقد قدم إبراهيم عشراً من جميع غنائمه لملكي صادق.

ومن الجدير بالذكر أن العهد الجديد يقدم إبراهيم باعتباره أباً لكل المؤمنين ومثالاً يحتذي به المؤمنون من بعده. نقرأ في (رومية ٤: ١١- ١٢):

« ... **لِيَكُونَ أي إبراهيم أَباً لِجَمِيعِ الَّذِينَ يُؤْمِنُونَ وَهُمْ فِي الْغُرْلَةِ، كَيْ يُحْسَبَ لَهُمْ أَيْضاً الْبِرُّ. وَأَباً**

لِلْخِتَانِ لِلَّذِينَ لَيْسُوا مِنَ الْخِتَانِ فَقَطْ، بَلْ أَيْضاً يَسْلُكُونَ فِي خُطُوَاتِ إِيمَانِ أَبِينَا إِبْرَاهِيمَ، الَّذِي كَانَ [أي كان إيمانه] **وَهُوَ فِي الْغُرْلَةِ** [أي قبل الختان وقبل الناموس، وكان ذلك في أيام ملكي صادق].

فلكي نكون أولاد إبراهيم، ينبغي أن نسلك في خطوات إيمانه. ويتضمن ذلك أن نتصرف في مالنا بالطريقة التي تصرف بها إبراهيم في ماله.

ويتابع بولس في الإصحاح الرابع من رومية قائلاً:

«**لِهَذَا هُوَ** (أي الوعد) **مِنَ الإِيمَانِ كَيْ يَكُونَ عَلَى سَبِيلِ النِّعْمَةِ، لِيَكُونَ الْوَعْدُ وَطِيداً لِجَمِيعِ النَّسْلِ. لَيْسَ لِمَنْ هُوَ مِنَ النَّامُوسِ فَقَطْ، بَلْ أَيْضاً لِمَنْ هُوَ مِنْ إِيمَانِ إِبْرَاهِيمَ، الَّذِي هُوَ أَبٌ لِجَمِيعِنَا.**» (رومية ٤: ١٦)

ويكون إبراهيم أبانا عندما نسلك في خطوات إيمانه. فإذا تمتعنا بذلك الإيمان، ينبغي أن يتضمن

إيماننا الجوانب المالية والممتلكات المادية كما كان الحال بالنسبة لإيمان إبراهيم.

ننتقل الآن إلى يعقوب، حفيد إبراهيم، والذي هرب بسبب خداعه لأبيه إسحاق وأخيه عيسو. ترك يعقوب أرض ميراثه، ورحل سعياً وراء المال في بلاد ما بين النهرين. وفي بداية رحلته، لم يكن بين يديه سوى عصا. فلنقرأ ما قاله يعقوب في (تكوين ٢٨: ٢٠ـ ٢٢).

«وَنَذَرَ يَعْقُوبُ نَذْراً قَائِلاً: «إِنْ كَانَ اللهُ مَعِي وَحَفِظَنِي فِي هَذَا الطَّرِيقِ الَّذِي أَنَا سَائِرٌ فِيهِ، وَأَعْطَانِي خُبْزاً لآكُلَ وَثِيَاباً لأَلْبَسَ، وَرَجَعْتُ بِسَلاَمٍ إِلَى بَيْتِ أَبِي، يَكُونُ الرَّبُّ لِي إِلَهاً، وَهَذَا الْحَجَرُ الَّذِي أَقَمْتُهُ عَمُوداً يَكُونُ بَيْتَ اللهِ، وَكُلُّ مَا تُعْطِينِي فَإِنِّي أُعَشِّرُهُ لَكَ».»

نرى مبدأ التعشير هنا ثانيةً، والواقع أن يعقوب

يقصد أن يقول: «هذه هي قاعدة علاقتي بالله: هو يسد احتياجاتي وأنا بالمقابل أعيد إليه عشراً من كل ما يقدمه لي.»

بعد عشرين سنة من ذلك اليوم، وفي (تكوين ٣٢: ٩-١٠) نقرأ شهادة يعقوب:

« وَقَالَ يَعْقُوبُ: «يَا إِلهَ أَبِي إِبْرَاهِيمَ وَإِلهَ أَبِي إِسْحَاقَ الرَّبَّ الَّذِي قَالَ لِيَ: ارْجِعْ إِلَى أَرْضِكَ وَإِلَى عَشِيرَتِكَ فَأُحْسِنَ إِلَيْكَ. صَغِيرٌ أَنَا عَنْ جَمِيعِ أَلْطَافِكَ وَجَمِيعِ الأَمَانَةِ الَّتِي صَنَعْتَ إِلَى عَبْدِكَ. فَإِنِّي بِعَصَايَ عَبَرْتُ هذَا الأُرْدُنَّ وَالآنَ قَدْ صِرْتُ جَيْشَيْنِ.»

وتتضمن العبارة «فأحسن إليك» معنى الازدهار المادي أيضاً، إذ تضعها بعض الترجمات الإنجليزية هكذا:(I will make you prosper NIV) إشارة إلى النجاح والازدهار في الناحية المالية ضمن النجاح وازدهار في جميع النواحي الأخرى.

لقد امتلك يعقوب ثروة طائلة، وعائلة كبيرة، وسد الله كل احتياجاته، لماذا؟ لأنه كان أميناً في تقديم عشوره. لقد ترك أرضه ولا يملك إلا عصا في يده، لكنه رجع بفيض غزير. وكان السر في ذلك أنه قدم لله أول عشر من جميع ما أنعم به الله عليه.

وبينما نتابع دراستنا لموضوع التعشير وكيف مارسه شعب العهد القديم، نجد أن العشورحسب شريعة موسى تُقدم لله بلا أدنى شك أو جدال. المقطع الكتابي التالي يثبت هذه الحقيقة:

«**وَكُلُّ عُشْرِ الأَرْضِ مِنْ حُبُوبِ الأَرْضِ وَأَثْمَارِ الشَّجَرِ فَهُوَ لِلرَّبِّ. قُدْسٌ لِلرَّبِّ** [فالعشر إذاً مقدس أي مخصص للرب]. **وَإِنْ فَكَّ إِنْسَانٌ بَعْضَ عُشْرِهِ يَزِيدُ خُمْسَهُ عَلَيْهِ. وَأَمَّا كُلُّ عُشْرِ الْبَقَرِ وَالْغَنَمِ فَكُلُّ مَا يَعْبُرُ تَحْتَ الْعَصَا يَكُونُ الْعَاشِرُ قُدْساً لِلرَّبِّ.**»

(لاويين ٢٧: ٣٠ـ ٣٢).

إذاً العشر كله قدس للرب. وفي (تثنية ١٤: ٢٢) يقول الله:

«**تَعْشِيراً تُعَشِّرُ كُل مَحْصُولِ زَرْعِكَ الذِي يَخْرُجُ مِنَ الحَقْلِ سَنَةً بِسَنَةٍ،...**»

هذا هو التعشير، لكن الكثيرين من المؤمنين لا يعرفون شيئاً عن ذلك، مع أن مبدأ التعشير يظهر بوضوح في العهد الجديد وفي كهنوت يسوع بالتحديد. تتحدث (الرسالة إلى العبرانيين ٦: ١٩) عن القدس الكائن خلف الحجاب، وتضيف الرسالة:

«**حَيْثُ دَخَلَ يَسُوعُ كَسَابِقٍ لأَجْلِنَا، صَائِراً عَلَى رُتْبَةِ مَلْكِي صَادَقَ، رَئِيسَ كَهَنَةٍ إِلَى الأَبَدِ.**» (عبرانيين ٦: ٢٠). فيسوع هو رئيس كهنتنا الأعظم على مرتبة مَلكي صادق.

ويشرح الكاتب في الإصحاح السابع الدور الذي لعبته العشور في كهنوت ملكي صادق وتلعبه الآن

في كهنوت يسوع الأعظم:

«ثُمَّ انْظُرُوا مَا أَعْظَمَ هَذَا أي ملكي صادق الَّذِي أَعْطَاهُ إِبْرَاهِيمُ رَئِيسُ الآبَاءِ عُشْراً أَيْضاً مِنْ رَأْسِ الْغَنَائِمِ. وَأَمَّا الَّذِينَ هُمْ مِنْ بَنِي لاَوِي، الَّذِينَ يَأْخُذُونَ الْكَهَنُوتَ، فَلَهُمْ وَصِيَّةٌ أَنْ يُعَشِّرُوا الشَّعْبَ [أي يأخذوا منه عشورهم] بِمُقْتَضَى النَّامُوسِ أَيْ إِخْوَتَهُمْ، مَعَ أَنَّهُمْ قَدْ خَرَجُوا مِنْ صُلْبِ إِبْرَاهِيمَ. وَلَكِنَّ الَّذِي لَيْسَ لَهُ نَسَبٌ مِنْهُمْ [وهو ملكي صادق] قَدْ عَشَّرَ إِبْرَاهِيمَ [لاحظ التركيز على التعشير]، وَبَارَكَ الَّذِي لَهُ الْمَوَاعِيدُ! وَبِدُونِ كُلِّ مُشَاجَرَةٍ [أي بدون جدال]: الأَكْبَرُ يُبَارِكُ الأَصْغَرَ [كان إبراهيم هو الأصغر بالنسبة إلى ملكي صادق، لأن ملكي صادق باركه]. وَهُنَا [أي في حالة الكهنة اللاويين] أُنَاسٌ مَائِتُونَ يَأْخُذُونَ عُشْراً، وَأَمَّا هُنَاكَ [أي في حالة ملكي صادق] فَالْمَشْهُودُ لَهُ بِأَنَّهُ حَيٌّ.» (عبرانيين ٧: ٤ـ ٨).

كهنوت ملكي صادق كهنوت أبدي لأن القائم على هذا الكهنوت لا يموت أبداً؛ وهو على مثال يسوع الذي هو أيضاً حي إلى الأبد كرئيس كهنة على رتبة ملكي صادق، وهو يقبل عشور شعبه في إطار هذا الكهنوت. وهكذا نرى أن للتعشير تاريخاً متواصلاً يبدأ من إبراهيم فصاعداً:

من إبراهيم إلى يعقوب إلى أمة إسرائيل ثم إلى خدمة يسوع كرئيس كهنتنا. وحسب كلمة الله، فإننا إذ نفرز العشر الأول ونقدمه ليسوع، نعترف بيسوع رئيس كهنتنا الأعظم على رتبة ملكي صادق. هذه إحدى الوسائل التي بها نستطيع أن نكرم الرب يسوع، وأن نعترف به كرئيس كهنتنا الأعظم.

الفصل الخامس

التحدي الأعظم

نأتي الآن إلى التحدي الذي يضعه الله نفسه أمامنا، وهو أن نجربه بدفع العشور بناءً على المثال الوارد في الكلمة المكتوبة. ونجد هذا التحدي بمجمله في (ملاخي ٣: ٧ـ ١٢) حيث يكلم الله إسرائيل قائلاً:

« مِنْ أَيَّامِ آبَائِكُمْ حِدْتُمْ عَنْ فَرَائِضِي وَلَمْ تَحْفَظُوهَا. ارْجِعُوا إِلَيَّ أَرْجِعْ إِلَيْكُمْ قَالَ رَبُّ الْجُنُودِ. فَقُلْتُمْ: بِمَاذَا نَرْجِعُ؟ أَيَسْلُبُ الإِنْسَانُ اللَّهَ؟ فَإِنَّكُمْ سَلَبْتُمُونِي. فَقُلْتُمْ: بِمَ سَلَبْنَاكَ؟ فِي الْعُشُورِ وَالتَّقْدِمَةِ.» (ملاخي ٣: ٧ـ ٨).

لاحظ أن إمساك نصيب الله المعين من المال يُدعى هنا سلباً لله. ربما لا يُقدم أحدنا على سلب

إنسان أبداً، لكن قد نكون مع ذلك مذنبين بسلب **الله**.

بعد ذلك يبين **الله** نتائج سلبه ويقدم العلاج:

«قَدْ لُعِنْتُمْ لَعْناً، وَإِيَّايَ أَنْتُمْ سَالِبُونَ هَذِهِ الأُمَّةُ كُلُّهَا. هَاتُوا جَمِيعَ الْعُشُورِ إِلَى الْخَزْنَةِ لِيَكُونَ فِي بَيْتِي طَعَامٌ، وَجَرِّبُونِي بِهَذَا قَالَ رَبُّ الْجُنُودِ، إِنْ كُنْتُ لاَ أَفْتَحُ لَكُمْ كُوى السَّمَاوَاتِ وَأُفِيضُ عَلَيْكُمْ بَرَكَةً حَتَّى لاَ تُوسَعَ» (ملاخي ٣: ٩١٠).

ما هو الشرط المرتبط بوعد **الله** بالبركة؟ إنه إحضار جميع العشور إلى الخزنة.

يقول **الله**: «جربوني، انظروا إن كنت أَفي بوعدي أم لا.» يطالبنا **الله** بأن نجربه فيما يتعلق بأمورنا المالية؛ إنه يطالبنا بأن نسلك بالإيمان. ويختم **الله** حديثه بمزيد من النتائج:

«وَأَنْتَهِرُ مِنْ أَجْلِكُمْ الآكِلَ فَلاَ يُفْسِدُ لَكُمْ ثَمَرَ الأَرْضِ، وَلاَ يُعْقَرُ لَكُمُ الْكَرْمُ فِي الْحَقْلِ، قَالَ رَبُّ

الْجُنُودِ. وَيُطَوِّبُكُمْ كُلُّ الأُمَمِ لأَنَّكُمْ تَكُونُونَ أَرْضَ مَسَرَّةٍ قَالَ رَبُّ الْجُنُودِ.» (ملاخي ٣: ١١١٢).

يؤكد الله أنه سيغمرنا ببركات فَيَّاضة إن أكرمناه بهذه الطريقة، وسيمنع الجراد والأوبئة من الفتك بمقتنياتنا، فترانا الأمم فيقولون: «أنتم شعب مبارك.» ويعترفون بأن الله باركنا حقاً وأحسن إلينا. كل هذا يتضمنه الوعد الذي يأتي نتيجة تقديم جميع العشور للخزنة.

ونلخص الآن أربع نقاط نستخلصها من نص ملاخي الذي قرأناه:

١ـ لقد احتفظ الله بسجل عطايا شعبه القديم أكثر من ألف سنة، إذ كان قد طالبهم بدفع العشور قبل هذا النص من ملاخي بألف سنة، وها هو الآن يخبرهم بأن لديه سجلاً بذلك، وبأنهم كانوا يسلبونه. تذكر أن الله يحتفظ بسجلات.

٢- الامتناع عن تقديم حصة الله هو سرقة؛ إنه سرقة لله لا للإنسان وتجلب اللعنة على مقترفها.

٣- الأمانة في التعشير تجلب البركة، وتكون عطايا الله لشعبه سبب تمجيد له.

٤- التعشير هو امتحان لإيماننا ولأمانة الله، فأرجو أن تتذكر دائماً أن تقديم العشور ينبغي أن يُمارس بالإيمان.

والآن دعونا ندرس معنى «الخزنة» المذكورة في النص. وأريد أن أوضح المعنى من الطبيعة. الخزنة في الأصل هي أحد شيئين:

أولاً: هي المكان الذي نأكل منه.

ثانياً: هي المكان الذي نحصل منه على البذور التي نزرعها في الموسم الجديد. وكمؤمنين، نحن نأخذ طعامنا الروحي من مصدر محدد أو من عدة مصادر. والأغلب أننا نأخذ البذور التي نزرعها

في حياة الآخرين من المصادر نفسها. فمهما كان المصدر بالنسبة إليك، فهو الخزنة التي ينبغي أن تدفع عشورك فيها. لكن هناك الكثير من المؤمنين الذين لا يتمتعون بامتياز الانتماء إلى كنيسة محلية، عندها ينبغي أن يبحث المؤمن عن مصدر طعامه ومصدر البذور التي يزرعها.

اسمحوا لي أن أشارككم بهذا المثل البسيط من دون تعليق أو تفسير:

أنت لا تأكل في مطعم ما وتدفع الفاتورة في مطعم آخر. تأمل في هذا تفهم قصدي. والآن ينبغي أن نفهم بأن العشور ليست هي نهاية العطاء لله، بل هي البداية فقط؛ فالعشور تضع الأساس للعطاء المنتظم والمستمر لله. ويقدم الكتاب المقدس عدا العشور مجالين آخرين للعطاء: التقدمات والصدقات. فالعشور ليست في الواقع تقدمات، لأننا نعطي الله نصيبه القانوني المحدد. أما ما ندفعه عدا العشور

فهـو التقدمـات. انظـر إلى خيارات العطـاء المتعددة التي كانت متوفرة للشعب القديم:

«وَتُقَدِّمُــونَ إلى هُنَــاكَ مُحْرَقَاتِكُــمْ وَذَبَائِحَكُمْ وَعُشُورَكُمْ وَرَفَائِعَ أَيْدِيكُمْ وَنُذُورَكُمْ وَنَوَافِلكُمْ وَأَبْكَارَ بَقَرِكُمْ وَغَنَمِكُمْ ...» (تثنية ١٢: ٦).

وترد هنا ستة أشكال من التقدمات عدا العشور:

١- محرقات* ٢- ذبائح*
٣- رفائع الأيدي* ٤- نذور*
٥- نوافل* ٦- أبكار البقر والغنم*

والمقصـود أنَّ مجال التقدمات واسع جداً، لكننا لا نعطي عشورنـا كتقدمة، لكننا ببساطة نعيدها إلى الله باعتبارها نصيبه المحدد حسب الكلمة.

---

* محرقات: للتكفير عن الخطية.
* ذبائح: ومنها ذبيحة الخطيـة للتكفير عن الخطية، وذبيحة الإثم للخطايا الشخصية التي تحدث سهواً، وذبيحة السلامة للشكر والتكريس.
* رفائع الأيدي: وهي تؤخذ من الغلال ومن الخبز.
* نذور: وهي تقدمات طوعية غير مُلزمة.

هناك ما يسميه الكتاب «صدقات» أو ما يُعرف اليوم باسم «إحسان». وهو ليس ما نعطيه لله، بل ما نعطيه للمحتاجين والفقراء ومن تداهمهم المصائب. ويقول الكتاب المقدس الكثير عن إعطاء الفقراء، ربما أكثر مما سمعه أغلب المؤمنين عن الموضوع. فيما يلي كلمات يسوع في (لوقا ١٢: ٣٢-٤٣):

«لاَ تَخَفْ أَيُّهَا الْقَطِيعُ الصَّغِيرُ، لأَنَّ أَبَاكُمْ قَدْ سُرَّ أَنْ يُعْطِيَكُمُ الْمَلَكُوتَ. بِيعُوا مَا لَكُمْ وَأَعْطُوا صَدَقَةً. اِعْمَلُوا لَكُمْ أَكْيَاساً لاَ تَفْنَى وَكَنْزاً لاَ يَنْفَدُ فِي السَّمَاوَاتِ، حَيْثُ لاَ يَقْرَبُ سَارِقٌ وَلاَ يُبْلِي سُوسٌ، لأَنَّهُ حَيْثُ يَكُونُ كَنْزُكُمْ هُنَاكَ يَكُونُ قَلْبُكُمْ أَيْضاً.»

حيث يكون مالكم هناك يكون قلبكم أيضاً؛ لا يمكن أن يكون مالك في مكان وقلبك في مكان آخر. يؤكد يسوع على ضرورة أن نسلك كما يليق بأبناء ملك، لقد أعطاكم أبوكم الملكوت لكي تستطيعوا أن تكونوا أسخياء. أعطوا الفقراء لكي يكون لكم كنز في

السمـــاء؛ وفي (جامعة ١١: ١ـ ٢) صورة رائعة أخرى توضح ما نفعله عندما نعطي الفقراء:

«**ارْمِ خُبْزَكَ عَلَى وَجْــهِ الْمِيَاهِ، فَإِنَّكَ تَجِدُهُ بَعْدَ أَيَّامٍ كَثِيرَةٍ. أَعْطِ نَصِيباً لِسَبْعَةٍ وَلِثَمَانِيَةٍ أَيْضاً، لأَنَّكَ لَسْتَ تَعْلَمُ أَيَّ شَرٍّ يَكُونُ عَلَى الأَرْضِ.**»

آمـل أنك ترى المقصود بذلـك. عندما تعطي أنت توقع عقد تـأمين مع **الله**؛ يقول الكتـاب:

«**أَعْطِ نَصِيبــاً لِسَبْعَةٍ** (وهو واجبـك المطلوب) **وَلِثَمَانِيَــةٍ أَيْضاً** (أي وأكثر قليلاً من واجبـك)، **لأَنَّكَ لَســتَ تَعْلَمُ أَيَّ شَرٍّ يَكُــونُ عَلَى الأَرْضِ.**»، وبكلمات أخرى: إن تصرفت بمـالك كما يأمر **الله**، يعتني **الله** بك عندما تـأتي المصيبة ويقترب الشر؛ هذه هي ضمانة **الله** ووثيقــة تـأمينك. الصدقـات هي تـأمين ضد الأيام الشريرة. تـأمل في شهـادة «أوزولد سميث» الذي كـان

راعياً لإحدى الكنائس في تورنتو (كندا) لعدة سنوات وخلال فترة الكساد العظيم*،

كان يأتيه المئات يومياً طالبين المعونة المالية من الكنيسة. وقال سميث إنهم أعانوا المئات، لكنه قال أيضاً إنه يبحث في السجلات ليرى مدى أمانة أولئك الناس في دفع عشورهم لله عندما كان بمقدورهم ذلك، وأكد أنَّ جميع الذين جاءوا طلباً للمساعدة لم يكونوا أمناء أصلاً في عشورهم، فاستنتج أنَّ الله قد اعتنى بحاجات أولئك الذين كانوا أمناء.

هناك ما يسميه الكتاب «صدقات» أو ما يُعرف اليوم باسم «إحسان». وهو ليس ما نعطيه لله، بل ما نعطيه للمحتاجين والفقراء ومن تداهمهم المصائب. ويقول الكتاب المقدس الكثير عن إعطاء الفقراء، ربما

* الكساد العظيم: عانت الولايات المتحدة وكندا من فترة ما يسمى بـ «الكساد العظيم» في الأعوام ما بين ١٩٢٩١٩٣٩ ، وكانت من أعسر الأزمات الاقتصادية، حيث وصل عدد العاطلين عن العمل إلى ١٥ مليون شخص، وأعلنت ثلث بنوك أمريكا إفلاسها.

أكثر مما سمعه أغلب المؤمنين عن الموضوع. فيما يلي كلمات يسوع في (لوقا ١٢: ٣٢ـ ٤٣):

الفصل السادس

نعمة العطاء

بينما نتابع دراستنا، نريد أن نكتشف المفتاح الروحي الذي يقودنا إلى نوعية العطاء الوحيدة التي يقبلها الله بالفعل. ويمكن التعبير عن هذا المفتاح بكلمة بسيطة جميلة واحدة: «النعمة»، فنحن لا نتحدث عن العطاء تحت الناموس أو حسب الوصايا، بل نتحدث في العهد الجديد عن العطاء بالنعمة. ويكلمنا بولس عن عطاء النعمة في أصحاح العطاء الرائع الذي نجده في رسالته إلى مؤمني كورنثوس، حيث يحثهم قائلاً:

«لكِنْ كَمَا تَزْدَادُونَ فِي كُلِّ شَيْءٍ: **فِي الإِيمَانِ وَالْكَلاَمِ وَالْعِلْمِ وَكُلِّ اجْتِهَادٍ وَمَحَبَّتِكُمْ لَنَا، لَيْتَكُمْ تَزْدَادُونَ فِي هذِهِ النِّعْمَةِ أَيْضاً.**» (٢كورنثوس ٨: ٧).

كانت كنيسة كورنثوس غنية جداً بالمواهب

الروحية والنعمة، وكان فيها موقف حسن عن المحبة. لكن بولس يشجعهم على عدم تفويت نعمة فائقة الأهمية هي نعمة العطاء.

وترد الكلمة «نعمة» سبع مرات في هذا الإصحاح الخاص بالعطاء؛ هذه الكلمة هي المفتاح. ولا نستطيع أن نفهم خطة الله المعلنة في العهد الجديد نحو المال، إلا إذا فهمنا النعمة، وعرفنا كيف تولد النعمة فينا دوافع العطاء.

يحدثنا الكتاب المقدس عن الناموس والنعمة. أما الناموس فهو خارجي، مكتوب على ألواح حجرية مرئية. يقول الناموس: «افعل هذا، لا تفعل ذاك!» لكنه ليس في داخلنا، بل الطبيعة القديمة هي في داخلنا؛ والطبيعة القديمة تقاوم الوصايا المكتوبة على الألواح في الناموس الخارجي.

أما النعمة فإنها مختلفة؛ إنها داخلية؛ إنها تعمل

من الداخل لا من الخارج. والنعمة مكتوبة في قلوبنا، لا على ألواح حجرية، وقد كتبها الروح القدس هناك. لا يمكن لأحد أن يكتب نعمة الله في قلوبنا سوى الروح القدس.

فإذا قرأنا (يوحنا ١: ١٧) نرى كيف يميز العهد الجديد بين النعمة والناموس:

«لأَنَّ النَّامُوسَ بِمُوسَى أُعْطِيَ، أَمَّا النِّعْمَةُ وَالْحَقُّ فَبِيَسُوعَ الْمَسِيحِ صَارَا.»

لقد أُعطي الناموس بموسى، أما النعمة فلا تأتي إلا بيسوع المسيح؛ إن أردنا النعمة، فإنها متوفرة لنا من خلال يسوع المسيح فقط، أو فلنقل من خلال الصليب وما عمله يسوع المسيح على الصليب. لقد انطلقت النعمة من الصليب وصارت في متناول البشر. هذا صحيح في مجال المال أيضاً؛ فما عمله يسوع على الصليب هو طريقنا إلى التمتع بالغنى. هذا ما تؤكده

كلمات (٢كورنثوس ٨: ٩):

«فَإِنَّكُمْ تَعْرِفُونَ نِعْمَةَ رَبِّنَا يَسُوعَ الْمَسِيحِ، أَنَّهُ مِنْ أَجْلِكُمُ افْتَقَرَ وَهُوَ غَنِيٌّ، لِكَيْ تَسْتَغْنُوا أَنْتُمْ بِفَقْرِهِ.»

لاحظ الكلمة «نعمة» في بداية النص؛ إنها مفتاح فهمنا لهذا العدد. فليس بالناموس، بل بالنعمة. وتظهر النعمة هنا من خلال هذه المقايضة:

كان يسوع غنياً، لكنه اختار بنعمته أن يفتقر، لكي نتمتع نحن بغناه بالنعمة أيضاً. لقد استنفذ يسوع لعنة الفقر الذي جلبها الناموس المكسور، لكي نقبل نحن ملكوت **الله** بالنعمة، فمن خلال الصليب نتمتع نحن بالنعمة. كما يعلن العهد الجديد أن النعمة لا تُقبل إلا بالإيمان. فجوهر النعمة هو عدم القدرة على كسبها بالجدارة والاستحقاق؛ فما من شيء نستطيع أن نعمله أبداً لكي نستحق نعمة **الله**. يقول بولس في (أفسس ٢: ٨ـ ٩):

« **لأَنَّكُمْ بِالنِّعْمَةِ مُخَلَّصُونَ، بِالإِيمَانِ، وَذَلِكَ لَيْسَ مِنْكُمْ. هُوَ عَطِيَّةُ اللهِ. لَيْسَ مِنْ أَعْمَالٍ كَيْلا يَفْتَخِرَ أَحَدٌ** ».

لاحظ الترتيب: « **بالنعمة ... بالإيمان ... ليس من أعمال** » ولست هنا بصدد تعليمكم طريقة تكسبون بها المال، لكنني أعلم عن شيء لا يمكن قبوله إلا بالنعمة ومن خلال الإيمان. يقول بولس في (غلاطية ٦:٥):

« **لأَنَّهُ فِي الْمَسِيحِ يَسُوعَ لاَ الْخِتَانُ يَنْفَعُ شَيْئاً وَلاَ الْغُرْلَةُ، بَلِ الإِيمَانُ الْعَامِلُ بِالْمَحَبَّةِ.** »

بالإيمان فقط نستطيع امتلاك نعمة **الله**، والإيمان الذي يوفر لنا نعمة **الله** يعمل بالمحبة؛ هذا هو المفتاح الروحي الذي يؤهلنا لممارسة العطاء الصحيح. وأريد أن أؤكد على هذه الحقيقة بأكثر وضوح ممكن: النعمة هي المفتاح الروحي الذي يؤهلنا لممارسة العطاء الصحيح (ليس الناموس، بل النعمة)، وتقبل هذه

النعمة من خلال يسوع ومن خلال الصليب بالإيمان العامل بالمحبة.

وأود أن أؤكد مجدداً مبادئ الكتاب المقدس نحو المال، كما يشرحها العهد الجديد، لا يمكن استيعابها والإحاطة بها إلا بالإيمان، فينبغي أن تتجاوب مع هذه الرسالة بالإيمان. ثم إنَّ الإيمان يعني أن نعمل أيضاً، فالإيمان بدون أعمال ميت. فماذا نعمل؟ الجواب: نعطي! نعطي قبل أن نأخذ. وهذا مناقض لتفكير الذهن الجسدي الذي يقول: «لا أستطيع أن أعطي.» بينما يقول الإيمان: «لا تستطيع أن تعطي، لأن العطاء هو مفتاح الأخذ.» ويقول يسوع في (لوقا ٦: ٣٨):

«أَعْطُوا تُعْطَوْا كَيْلاً جَيِّداً مُلَبَّداً مَهْزُوزاً فَائِضاً يُعْطُونَ فِي أَحْضَانِكُمْ. لأَنَّهُ بِنَفْسِ الْكَيْلِ الَّذِي بِهِ تَكِيلُونَ يُكَالُ لَكُمْ.»

العطاء أولاً ثم الأخذ. أعط تُعطَ؛ أعطِ الله، فيقود الله

الناس لكي يعطوك. هكذا يُعمل **الله** سيطرته وسيادته على الأوضاع كافة. ثم يعلن يسوع عن المبدأ الثاني:

«... **لأَنَّهُ بِنَفْسِ الْكَيْلِ الَّذِي بِهِ تَكِيلُونَ يُكَالُ لَكُمْ.**»

فإذا أردت أن تُعطَي بسخاء، ينبغي أن تُعطي بسخاء أيضاً. إنها حقيقة مذهلة! فمفتاح الرخاء المالي بين يديك؛ إنه مفتاح الإيمان الذي تجاوب به مع نعمة **الله**. ويمكنك البدء بعمل أمرين:

أولاً: لا تنتظر بل خذ المبادرة بالعطاء.

ثانياً: حدد الحصة التي ترغب بالحصول عليها، لأن كمية عطائك تتناسب مع ما ستحصل عليه. لا تجلس هكذا خاملاً تتشبث بالآمال والتوقعات، بل ابدأ بأن تعمل بالإيمان، متصرفاً بأمورك المالية حسب خطة **الله** المعلنة في العهد الجديد. وهكذا تدخل شئونك المالية في دائرة اهتمامات **الله** ومسئولياته.

الفصل السابع

قدم نفسك أولاً

مرجعنا التالي من كلمة الله هو الإصحاح الثامن من رسالة بولس الثانية إلى مؤمني كورنثوس. وأقترح أن تقرأ الإصحاحين الثامن والتاسع بضع مراتٍ بانتباهٍ واهتمامٍ شديدين، الأمر الذي يساعدك على هضم هذه المادة والإفادة الكاملة من قيمتها. أما موضوع الإصحاحين فيتعلق بالمال؛ فمن يقول إن الكتاب المقدس لا يتحدث عن المال كثيراً؟!

يكتب بولس إلى مؤمني كورنثوس عن كنائس مكدونية، ويتحدث عن عمل الروح القدس في المكدونيين وكيف جعلهم أسخياء في العطاء. ثم يستخلص بولس درساً من ذلك. فلنقرأ معاً (٢كورنثوس ٨: ١ـ ٥):

«ثُمَّ نُعَرِّفُكُمْ أَيُّهَا الإِخْوَةُ نِعْمَةَ اللهِ الْمُعْطَاةَ في كَنَائِس مَكِدُونِيَّةَ، أَنَّهُ في اخْتِبَارِ ضِيقَةٍ شَدِيدَةٍ فَاضَ وُفُورُ فَرَحِهِمْ وَفَقْرِهِمِ الْعَمِيقِ لِغِنَى سَخَائِهِمْ، لأَنَّهُمْ أَعْطَوْا حَسَبَ الطَّاقَةِ، أَنَا أَشْهَدُ، وَفَوْقَ الطَّاقَةِ، مِنْ تِلْقَاءِ أَنْفُسِهِمْ، مُلْتَمِسِينَ مِنَّا، بِطِلْبَةٍ كَثِيرَةٍ، أَنْ نَقْبَلَ النِّعْمَةَ وَشَرِكَةَ الْخِدْمَةِ الَّتِي لِلْقِدِّيسِينَ. وَلَيْسَ كَمَا رَجَوْنَا، بَلْ أَعْطَوْا أَنْفُسَهُمْ أَوَّلاً لِلرَّبِّ، وَلَنَا، بِمَشِيئَةِ اللهِ.»

ونلاحظ هنا العبارة المهمة التالية: «... **بَلْ أَعْطَوْا أَنْفُسَهُمْ أَوَّلاً لِلرَّبِّ** ...» ما هو أول ما ينبغي أن نقدمه للرب؟ إنه أنفسنا لا أموالنا. هكذا ينبغي أن نبدأ جميعاً، فلا تعط مالك للرب، إن لم تعطه نفسك أولاً؛ ينبغي أن تبدأ بنفسك. لا تستطيع بمالك أن تشتري علاقة جيده بالله، ثم إن الله يستطيع أن يتدبر أموره حسناً من دون نقودك! إنما يطالبك الله بالعطاء لفائدتك أنت، وهو يضع ترتيباً لذلك: أنت

أولاً، ثموبعد أن تقدم نفسكيفيض منك العطاء الذي يتحـدث عنـه العهد الجديـد بصورة تلقائيـة، وذلك بـالنعمة التي يمنحك إياهـا الله.

ونرى هذا المبدأ نفسه في (رومية ١٢: ١ـ ٢):

« **فَأَطْلُبُ إِلَيْكُمْ أَيُّهَا الإِخْوَةُ بِرَأْفَةِ اللهِ أَنْ تُقَدِّمُوا أَجْسَادَكُـمْ ذَبِيحَةً حَيَّةً مُقَدَّسَـةً مَرْضِيَّةً عِنْدَ اللهِ، عِبَادَتَكُمُ الْعَقْلِيَّةَ. وَلاَ تُشَاكِلُوا هذَا الدَّهْرَ، بَلْ تَغَيَّرُوا عَنْ شَكْلِكُمْ بِتَجْدِيدِ أَذْهَانِكُمْ، لِتَخْتَبِرُوا مَا هِيَ إِرَادَةُ اللهِ الصَّالِحَةُ الْمَرْضِيَّةُ الْكَامِلَةُ.** »

فمفتـاح اكتشاف إرادة الله، ومن ضمنهـا إرادتـه من نحو المـال، هو أن تقدم نفسك ذبيحة حية. وهذا يعنـي أن تضـع نفسـك كُلياً تحت تصـرف الله وفي خدمتـه بـلا تحفظ. عند ذلـك يتجدد ذهنـك بـالروح القدس، وتبـدأ بـالتفكير بطريقة مختلفـة. وإذ تفكر بطريقـة جديدة مختلفة، تبـدأ بـاكتشـاف إرادة الله بمراحلهـا الثـلاث المتتـابعـة، فهـي إرادة صـالحـة،

مرضية (أي مُسرَّة) وكاملة. فإذا اكتشفت إرادة الله، ينبغي أن تكتشف أيضاً أنها تتضمن خطته نحو مالك.

إذاً خطة الله تُغطي كل مجالات وأبعاد ومظاهر الحياة. ليس هناك ما يستثنيه الله من تدبيره، أو يتخلى عن تحمل مسؤوليته تجاهه، لكن ينبغي التقيد بالشروط التي يضعها هو. لا تبدأ بتقديم مالك، بل أبدأ بتقديم نفسك؛ قدم نفسك وكل ما فيك وما لك للرب ذبيحة حية على مذبح خدمته. بعد ذلك يبدأ ذهنك بإدراك ملء إحسانات الله وتفاصيل خطته لحياتك.

لقد سلكت في هذا الدرب أكثر من أربعين سنة، وأعلم أنه مازالت هناك جوانب كثيرة من خطة الله الكاملة لحياتي لم أدخلها تماماً بعد. أما بالنسبة لموضوع الشئون المالية، فقد طبقت المبادئ التي أكتبها لك الآن، وأستطيع أن أشهد بأنها نجحت.

بعـد أن نقـدم أنفسنـا **لله**، تعمـل عطايانـا الماليـة (بالإضافة إلى جميع العطايا الأخرى التي نقدمها) على تثبيت برنا وتكميله. من المهم جداً أن تعرف أن ما تفعله بأموالك يمكن أن يرسخ جذورك في بر **الله** إلى الأبـد. يقتبس بولس هـذه الكلمات من المزامير في (٢كورنثوس ٩:٩) : « **فَرَّقَ. أَعْطَى الْمَسَاكِينَ. بِرُّهُ يَبْقَى إِلَى الأَبَدِ** ».

لاحـظ الترتيب: يعطي البـار نفسـه أولاً **لله** (كما قرأنـا في ٢كورنثوس ٨: ٥)، ثـم يعطـي الآخريـن حسب ما يراه مناسباً. ويقول عنه الكتاب: « ... **بِرُّهُ يَبْقَى إِلَى الأَبَدِ** »؛ لقد رسخ العطاء في بر **الله**. وأود أن أقتبس من المزمور نفسه الذي اقتبس منه بولس:

« **هَلِّلُويَا! طُوبَى لِلرَّجُلِ الْمُتَّقِي الرَّبَّ، الْمَسْرُورِ جِدّاً بِوَصَايَاهُ**.... (وهـذا يتضمن وصايا الرب جهة المال). **رَغْدٌ وَغِنًى فِي بَيْتِهِ، وَبِرُّهُ قَائِمٌ إِلَى الأَبَدِ. نُورٌ أَشْرَقَ فِي الظُّلْمَةِ لِلْمُسْتَقِيمِينَ. هُوَ حَنَّانٌ وَرَحِيمٌ**

وَصِدِّيقٌ. سَعِيدٌ هُوَ الرَّجُلُ الَّذِي يَتَرَأَّفُ وَيُقْرِضُ. يُدَبِّرُ أُمُورَهُ بِالْحَقِّ. لأَنَّــهُ لاَ يَتَزَعْزَعُ إِلَى الدَّهْرِ. الصِّدِّيقُ يَكُونُ لِذِكْرٍ أَبَدِيٍّ.... (فمفتاح هذا البر الذي لا يتزعزع هو التصرف بأمورك المالية بحنان ورأفة ورحمة وسخاء وحق). **فَرَّقَ أَعْطَى الْمَسَاكِينَ. بِرُّهُ قَائِمٌ إِلَى الأَبَدِ...»**

(مزمور ١١٢: ١، ٣-٦، ٩).

موضـوع هذا المزمور هـو أن الإدارة الصحيحة لشئوننــا المالية تُرَسِّخُ جذورنــافي بر الله إلى الأبد، ومـن الواضح أن العكس صحيـحٌ أيضاً، فالتصرف في شئوننا المالية بطريقة خاطئة لا يُرَسِّخُنا في بر الله، فكيفيــة التصرف بمالنا أمر حاسم جداً. تأملوا في هذا التعليم الرائع الذي يقدمه يسوع:

«لاَ تَكْنِزُوا لَكُــمْ كُنُوزاً عَلَى الأَرْضِ حَيْثُ يُفْسِدُ السُّوسُ وَالصَّدَأُ، وَحَيْثُ يَنْقُبُ السَّارِقُونَ وَيَسْرِقُونَ. بَلِ اكْنِزُوا لَكُمْ كُنُوزاً فِي السَّمَاءِ، حَيْثُ لاَ يُفْسِدُ سُوسٌ

وَلاَ صَدَأٌ، وَحَيْثُ لاَ يَنْقُبُ سَارِقُونَ وَلاَ يَسْرِقُونَ، لأَنَّهُ حَيْثُ يَكُونُ كَنْزُكَ هُنَاكَ يَكُونُ قَلْبُكَ أَيْضاً.» (متى ٦: ١٩-٢١).

يضمن لنا العطاء الحسنُ إحسان **الله** علينا في هذا العالم، لكن هذا لا يمثل ذروة النعمة، فالذروة هي أننا نكنز كنوزاً في السماء تتناسب مع ما نقدمه على الأرض. نحن نأخذ إحسان **الله** على الأرض، لكننا نمتلك كنزاً في السماء. موضع مالك هو مركز اهتمامك! فإن أردت أن تكون أكثر اهتماماً بملكوت **الله**، وإن أردت أن تتمتع بغْيَرةٍ أعظم على أمور **الله**، فأنا أرشدك إلى طريقة أساسية تستطيع بها أن تحقق هذه الغاية: استثمر في ملكوت **الله** أكثر، فكلما استثمرت أكثر، ازداد اهتمامك أكثر: **«لأَنَّهُ حَيْثُ يَكُونُ كَنْزُكَ هُنَاكَ يَكُونُ قَلْبُكَ أَيْضاً.»**

الفصل الثامن
علاقة من جانبين

العطية الأولى التي ينبغي أن نقدمها لله هي أنفسنا ولا نستطيع تقديم أي شيء يقبله الله، إلا بعد أن نقدم أنفسنا. فإذا قدمنا أنفسنا إلى الله بالفعل، كما يحثنا بولس في (رومية ١٢)، يصبح كل ما نقدمه بالإيمان فيما بعد تكميلاً وبرهاناً لبرنا. يقتبس بولس من (مزمور ١١٢: ٩) عندما يتحدث عن البار فيقول:

«فَرَّقَ أَعْطَى الْمَسَاكِينَ. بِرُّهُ قَائِمٌ إِلَى الأَبَدِ.» والواقع أن موضوع المزمور ١١٢ يدور حول دور السخاء والمحبة والعطاء في تأسيس برٍ باقٍ لا يزول إلى الأبد.

نبحث الآن في العطاء باعتباره علاقة ثنائية متبادلة بين الله والمُعطي. ونبدأ بدراسة

العطاء باعتباره برهاناً على محبتنا لله. نقرأ من (٢كورنثوس ٨: ٧ـ ٨) ما يلي:

»لَكِنْ كَمَا تَزْدَادُونَ فِي كُلِّ شَيْءٍ: فِي الإِيمَانِ وَالْكَلاَمِ وَالْعِلْمِ وَكُلِّ اجْتِهَادٍ وَمَحَبَّتِكُمْ لَنَا، لَيْتَكُمْ تَزْدَادُونَ فِي هَذِهِ النِّعْمَةِ أَيْضاً. لَسْتُ أَقُولُ عَلَى سَبِيلِ الأَمْرِ، بَلْ بِاجْتِهَادِ آخَرِينَ، مُخْتَبِراً إِخْلاَصَ مَحَبَّتِكُمْ أَيْضاً.«

فمن النقص في المؤمنين أفراداً أو في الكنيسة بشكل عام، ألا يزدادوا في نعمة العطاء. ويؤكد بولس على أن هذا ليس أمراً ناموسياً، بل هو عطاء بالنعمة.

كان بولس يحدث أهل كورنثوس عن سخاء مؤمني مكدونية، ثم يقول لهم: »أريد أن أرى إخلاص محبتكم، وسأعرف ذلك إذ أمتحن ذلك باجتهاد آخرين (حسب ما رأيت من اجتهاد مؤمني

مكدونية في العطاء).» هذا كلام واضح لا لَبس فيه. لقد أحب بولس مؤمني كورنثوس، فهم أولاده وثمر خدمته. والآن هو يختبر حقيقة إخلاصهم في محبة الله؛ يريد أن يعرف إن كانوا مخلصين حقاً أم مجرد مثرثرين. أمّا كيف يكتشف ذلك فهو من خلال رؤية عطائهم. والمقياس الذي يتخذه بولس مرجعاً له هو مؤمني مكدونية الذين أعطوا بسخاء مدهش رغم فقرهم الشديد. لقد أثبت المكدونيون محبتهم لله، والآن بولس يقول للكورنثوسيين:

« الكرة الآن في ملعبكم، فماذا تفعلون؟ كيف تتجاوبون مع هذا التحدي لبرهان محبتكم لله؟»

بعد ذلك بقليل، وفي الإصحاح نفسه، يقول بولس:

«فَبَيِّنُوا لَهُمْ أي للرجال الذين جاءوا لجمع التقدمات، وَقُدَّامَ الْكَنَائِسِ، بَيِّنَةَ مَحَبَّتِكُمْ [أي دليل

محبتكم]، **وَافْتِخَارِنَا مِنْ جِهَتِكُمْ**».

(٢كورنثوس ٨: ٢٤).

يعطي بعض الناس بسرية تامة، فلا يعرف أحد ذلك. وأتساءل إن كانوا يخفون ذلك خوفاً من الحرج! لكن بولس يقول إن العطاء **لله** لا ينبغي أن يكون سراً؛ لقد طلب من أهل كورنثوس أن يفعلوا ذلك علناً وأمام الجميع، لكي يرى الجميع التزامهم نحو الرب. لقد افتخر بولس بهم وتباهى، وكان إثبات محبتهم **لله**، من خلال العطاء بالذات، مهم جداً بالنسبة إليه.

يبرهن عطاؤنا على محبتنا **لله** ولإخوتنا المؤمنين أيضاً. هذا ما نراه واضحاً في كلمات الرسول يوحنا في (١يوحنا ٣: ١٦-١٨):

«**بِهَذَا قَدْ عَرَفْنَا الْمَحَبَّةَ: أَنَّ ذَاكَ وَضَعَ نَفْسَهُ لأَجْلِنَا، فَنَحْنُ يَنْبَغِي لَنَا أَنْ نَضَعَ نُفُوسَنَا لأَجْلِ الإِخْوَةِ** [ينبغي

أن نعمل ما عمله يسوع لنا]. **وَأَمَّا مَنْ كَانَ لَهُ مَعِيشَةُ الْعَالَمِ، وَنَظَرَ أَخَاهُ مُحْتَاجاً، وَأَغْلَقَ أَحْشَاءَهُ عَنْهُ، فَكَيْفَ تَثْبُتُ مَحَبَّةُ اللهِ فِيهِ؟ يَا أَوْلاَدِي، لاَ نُحِبَّ بِالْكَلاَمِ وَلاَ بِاللِّسَانِ، بَلْ بِالْعَمَلِ وَالْحَقِّ!**».

أن نضع نفوسنا لأجل الإخوة يتضمن مساعدتهم من مصادرنا المادية عندما يحتاجون ويكون في مقدورنا أن نساعدهم، وهناك مقولة أعتقد أنها مناسبة جداً لحديثنا هذا: «ضع أموالك على طرف لسانك.» هذا ما يقوله يوحنا تماماً؛ إنه يقول لكل مؤمن: «أنت قلت، الآن َنفِّذ! لا تحب بالكلام واللسان فقط، بل بالعمل وبالحق.»

ويتابع يوحنا مستخدماً عبارة مدهشة حول المحبة العملية:

«**وَبِهَذَا نَعْرِفُ أَنَّنَا مِنَ الْحَقِّ وَنُسَكِّنُ قُلُوبَنَا قُدَّامَهُ. لأَنَّهُ إِنْ لاَمَتْنَا قُلُوبُنَا فَاللهُ أَعْظَمُ مِنْ قُلُوبِنَا،**

وَيَعْلَمُ كُلَّ شَيْءٍ.» (١يوحنا ١٩ـ ٢٠).

فإذا شعرنا باللوم والإدانة في أعماقنا متسائلين إن كنا مقبولين عند الله أم لا، فإن سخاءنا في العطاء كما يقول يوحنا ـ يؤدي إلى راحة قلوبنا أمام الله. وهذا تماماً ما قصده بولس عندما اقتبس كلمات (المزمور ١١٢) : «فَرَّقَ أَعْطَى الْمَسَاكِينَ. بِرُّهُ قَائِمٌ إِلَى الأَبَدِ.».

أمامنا خياران فقط عندما نأتي إلى موضوع المحبة: إما الكلام واللسان فقط، وإما العمل والحق، ومن وسائل تحديد موقفنا من هذا التحدي أن نفحص ما نفعله بما لدينا من مال، وبهذا نبرهن إن كانت محبتنا مجرد كلام ولسان، أم هي عمل وحق يظهران بقياس يتناسب مع كَرَمِنا وسخائنا.

وكما أَكَّدتُ سابقاً فإن العطاء هو علاقة من جانبين، جانبها الأول هو موقفنا من الله، حيث

نبرهـن محبتنـا لله بعطائنا لـه. وجانبها الثاني هو تجاوب الله معنـا، ويعلمنا العهد الجديد أنّ العطاء النقـي يقـود إلى تمتعنا بمحبـة الله بطريقة خاصة. الله يحـب العـالم، لكنه يحـب بعض النـاس بطريقة خاصة، ومنهم أولئك الذين يعطون بسخاء وسرور.

«**كُلُّ وَاحِدٍ كَمَا يَنْـوِي بِقَلْبِهِ، لَيْسَ عَنْ حُزْنٍ أَوِ اضْطِرَارٍ. لأَنَّ الْمُعْطِيَ الْمَسْرُورَ يُحِبُّهُ اللهُ.**»

(٢كورنثوس ٩: ٧).

هـل تريـد أن يحبـك الله بطريقـة خاصـة؟ أحد الـدروب إلى ذلـك هـو أن تعطـي بسـرور، فالمعطي المسـرور يحبـه الله. أما الكلمـة اليونـانية المترجمة هنـا «مسرور» فهي الكلمة التـي أُخذت عنها الكلمة الإنجليزيـة «Hilarious» أي «مرح». فـالمعطي المَرِح يحبه الله. هل فكرت يومـاً أن تُعطي بمرح؟

لقد عشت خمس سنوات في شرق أفريقيا، وأتذكر

بعض المشاهد من الكنائس الأفريقية، حيث كان المؤمنون يقدمون ويُعطون بمرح. وقد كانوا فقراء جداً بمقاييس الحضارة الحديثة، فلم يكن بعضهم يملك مالاً، لكنهم كانوا بلطف يقدمون حبوب القهوة والذرة والبيض والدجاج. أتذكر النساء الأفريقيات اللواتي كن يتقدمن إلى الأمام وفي يد إحداهن كوزان من الذرة، أو دجاجة حية تجلس على رأس الأخرى (كُنَّ يحملن كل شيء على رؤوسِهِنَّ). كانت الواحدة منهن تضع تقدمتها على المذبح، وتعود، فتلمسها يد الله ثانيةً، فترجع راكضة بتقدمة أخرى. ولا أظن أنني رأيت من هم أكثر سعادة من أولئك الناس. لقد كانوا يعطون بمرح.

لماذا ينبغي أن نعطي بسرور ومرح؟ اسمحوا لي أن أقدم ثلاثة أسباب:

أولاً: إنها نعمة الروح القدس الفائقة للطبيعة.

تذكر، العطاء نعمة وليس ناموساً.

الـروح القدس هـو روح النعمـة، وعندما نرفع أنفسنا ونتناغم مع مجال بركته، يحل علينا بنعمته الفائقـة، عندها يفـرح الناس ويمرحـون بطريقة لا يمكن الارتقاء إليها بالطبيعة.

ثانيـاً: يفتح العطـاء المجـال أمـام إحسان **الله** إلينـا، فالعطاء هو الحافز لاندفاع بركات **الله** علينا كما يوضح لنا الكتاب المقدس.

ثالثـاً: يحررنـا العطـاء بمـرحٍ مـن عبوديـة «Mammon»، الذي هو تلك القوى الشيطانية الشريرة التي تستعبد النساء والرجال من خلال المال.

وعندمـا نبـدأ بممارسـة العطـاء بمـرح، نقـول لــ «Mammon»: «اذهـب عني بعيداً» فلـن تُملي عليّ إرادتك، ولن تسيطر على تفكيري. سأعطي **لله** بسرور، والمُعطي المسرور يحبه **الله**.»

الفصل التاسع
كيف تزرع ؟

الزرع هو وجه آخر من أوجه العطاء. يقول بولس في (٢كورنثوس ٩: ٦ـ ٧):

«... مَنْ يَزْرَعُ بِالشُّحِّ فَبِالشُّحِّ أَيْضاً يَحْصُدُ، وَمَنْ يَزْرَعُ بِالْبَرَكَاتِ فَبِالْبَرَكَاتِ أَيْضاً يَحْصُدُ. كُلُّ وَاحِدٍ كَمَا يَنْوِي بِقَلْبِهِ،...»

في حديثه عن تقديم المال، يستخدم بولس صورة مجازية من الزرع والحصاد. وهو لا يتحدث في هذا التشبيه الزراعي عن المُزارع والحقل، لكنه يقصد الإشارة إلى المؤمن وعطائه لله، وإلى حقل ملكوت الله.

للنجاح في الزراعة ينبغي أن تطبق بعض المبادئ الأساسية المحددة. إن إمكانية النجاح

واردة، لكن تحقيق النجاح يعتمد على تطبيق مبادئ الزراعة وأنظمتها، وعندما نفكر في العطاء باعتباره عملية زرع، فإننا نفهمحسب معرفتنا بالزراعةأن ما نزرعه يتكاثر وينتج محصولاً؛ هذا توقع منطقي ومفهوم، لكننا نعرف أيضاً أن مقدار الإنتاج يتناسب مع ما زرعناه. مثلاً: في زراعة الحبوب، يزرع الفلاح مكيالاً واحداً من القمح، ويأتي الحصاد (أي وقت الحصاد)، ولتكن غلة القمح بنسبة (١/ ١٠٠) وذلك بأفضل حسابات الكتاب المقدس انظر(متى ١٣: ٨)، فيحصل الفلاح على مئة مكيال من القمح إنها حسبة بسيطة؛ ولو أنه زرع عشرة مكاييل، وأثمر محصوله بالنسبة نفسها، لحصل على ألف مكيال. أي أن الاستثمار الأصلي للبذور يحدد كمية المحصول المحصود. ويقول بولس إن المبدأ نفسه صحيح بالنسبة لممارسة العطاء لله ولملكوته.

وأقدم مثالاً بسيطاً آخر: يقدم أحدهم خمسة

دولارات، ولنقل إن نسبة المردود هي عشرة دولارات لكل واحد، فكم ينال ذلك الشخص؟ ينال خمسين دولاراً بالطبع، فلو أنه قدم خمسين دولاراً بنسبة النمو نفسها، لحصل على خمسمائة، وهكذا فإن درجة السخاء في العطاء، تحدد حجم العائد.

جميعنا نستطيع أن نفهم مبدأ التناسب هذا في الزراعة، لكن قليلون هم الذين يفهمون هذا المبدأ في حسابات ملكوت الله المالية. يعلن الكتاب المقدس بوضوح أن مبادئ الزراعة تنطبق على حسابات الملكوت المالية؛ هذا هو مبدأ الزرع والحصاد، ولإحراز محصول وافر، ينبغي أن يتبع المزارع قواعد أساسية محددة. وسأقترح الإرشادات التالية المستخدمة في الزراعة (مع أنها غير وافية)، والتي أجدها قابلة للتطبيق في مسألة العطاء:

أولاً: ينبغي أن يختار المزارع تربة صالحة مناسبة، وأن يختار النوع الأنسب من المحاصيل

لزراعته في التربة الأنسب.

ثانياً: ينبغي أن يجهز التربة جيداً.

ثالثاً: ينبغي أن يعتني بالمحصول أثناء نموه، فإن لم يحقق هذه الشروط، لا يحصل المزارع على الوفرة التي يمكنه الحصول عليها، ولا يكون فشله هذا مؤشراً إلى خطأ ما في أصول الزراعة ومبادئها، بل يشير إلى عدم تطبيقه لبعض القواعد الأساسية.

لا يسير المزارع على طريق بلدته ملقياً بالبذور على جانبي الطريق كيفما اتفق، ثم يجلس متوقعاً محصولاً من عمله ذاك! ربما تقول إن هذا مثال غير معقول؛ لكنني رأيت مؤمنين كثيرين يفعلون شيئاً مشابهاً لهذا بأموالهم؛ إنهم يلقون بها بلا اهتمام أو صلاة في أماكن لا يمكن لها أن تنمو فيه إلى حصاد ذي قيمة، ثم يتساءلون لماذا لا يبارك الله في أموالهم.

ينبغي اتباع قواعد أساسية محددة كالتي يتبعها المزارع. ينبغي ألا نزرع في القنوات المُسجاة على الطريق؛ ينبغي أن نختار التربة الصالحة. وكما ينبغي التأكيد من تهيئة التربة، ومحاولة التأكد من الاهتمام بالمحصول أثناء نموه.

مثال: ما هي الأشياء التي ينبغي أن ننتبه إليها عندما نعطي من أموالنا لكنيسة أو خدمة أو منظمة ما؟ أقدم فيما يلي أربعة أسئلة أعتقد ضرورة طرحها:

١- هل الخدمة ممسوحة ومثمرة؟ ها تنتج ثمراً حقيقياً لملكوت الله؟

٢- هل هي أخلاقية؟ هل هي أخلاقية في أسلوب طلبها للمال؟ هل هي أخلاقية في استخدام المال؟ هل تتمتع بصفات الوكيل الصالح الأمين على مال ملكوت الله؟

٣- هـل هـي متمشية مع كلمة **الله**؟ هل مـا يقومون بـه يأتي في إطار طاعة مبادئ الكلمة؟ هذا سؤال مهم جداً، لأن **الله** يبارك كل ما يتلاءم مع كلمته.

٤- هـل القـادة مصلّون وجـادون وفعّالـون؟ يبين الكتـاب المقدس بوضـوح أن **الله** يكـره الإهمال والإسراف والميوعة. وليست هذه دعوة إلى البخل، لكنها دعوة إلى عدم الإسراف، وإلى الامتناع عن دعم الإسراف في أية خدمة.

وأحـب أن أُقدّم لـك بعض الاحتياطـات العملية الأخـرى فيما يتعلق باستثمار مالك في ملكوت **الله**، فعندما يستثمر الناس أموالهم في هذا العالم، تجدهم يبحثـون عـن استشـارة جيدة مـن أحـد الخبراء في مجـال الاستثمار، وأعتقـد أن أولاد **الله** أيضاً ينبغي أن يكونـوا حذرين في اختيار طريقهم، فاسمحوا لي أن أقدم هذه المبادئ الاحتياطية الأربعة:

١- كن مصلياً، لا تُعطِ من دون صلاة أبداً.

٢- تجنب العطاء العاطفي الاندفاعي. لقد رأيت أموالاً طائلة بذرها أناس أعطوا بدافع العاطفة والاندفاع، وهناك من ينتقلون من مكان إلى آخر بهدف استغلال الناس وجمع المال، وليس أسهل من استغلال الأمريكيين، فهم أسخياء، لكنهم بصراحة. غالباً ما يكونوا مندفعين.

٣- كن على اتصال مستمر مع الشخص أو المنظمة التي تدعمها مالياً؛ اطلب تقارير، كن على اطلاع بما يحدث، ابحث عن الثمر.

٤- حافظ على بقائك في دائرة إيمانك. اعطِ الله المجال لكي ينمي مالك بطريقة طبيعية؛ إن كنت معتاداً على التفكير بمستوى عشرة دولارات، فقد يكون من غير الواقعي أن تنتقل فوراً إلى الألف، فالإيمان ينمو بطريقة تدريجية طبيعية. إذا كنت

تفكر وتعمل بمستوى عشرة دولارات تقدم إلى خمسين مثلاً. وعندما تجد الراحة والاستقرار في الخمسين، تقدم إلى مئة.

أخيراً هناك أربع نتائج لزرع مالك بطريقة حكيمة. هذا ما يبينه بولس في (٢كورنثوس ٩: ١٠): «**وَالَّذِي يُقَدِّمُ بِذَاراً لِلزَّارِعِ وَخُبْزاً لِلأَكْلِ، سَيُقَدِّمُ وَيُكَثِّرُ بِذَارَكُمْ وَيُنْمِي غَلاَّتِ بِرِّكُمْ.**»

هذه هي نتائج الزرع بطريقة حكيمة:

١- خبز للأكل. يرد لك **الله** كل ما تحتاج إليه في حياتك الشخصية.

٢- تحصل أيضاً على بذر أكثر لكي تزرعه في حقل **الله**. فلو اعتدت على إعطاء خمسين دولاراً، تجد أنك تستطيع زيادتها إلى مئة مثلاً، وهذا بذر ينبغي إعادة زراعته في حقل **الله**، لا تبذيره على أنانيتك أو ذاتك.

٣ـ «**وَيُكَثِّرُ بِذَارَكُمْ**». وهذا يعني مخـازن أكبر، وقدرة أكبر على العطـاء للآخرين.

٤ـ وبسبـب كثرة البذار تحصل بـالتــالي على حصـاد أكبر وأعظم. يقول بولس: «**وَيُنْمِي غَلاَّتِ بِرِّكُمْ.**»

وأود هنــا أن أشـير إلى أن تعلـم العطــاء بــروح الصــلاة وعلـى ضوء كلمـة **الله** وبقيـادة الروح القدس هــو تجربـة مثيرة، لا مجرد واجب مُمِل. من المثير أن تــرى كيف يعمل **الله** على مسـاعدتـك وتوسيـع تخوم إيمـانــك وتنميتـه. يريــدك **الله** أن تستثمر في ملكوتـه، فـإذا طلبت مشورتـه سيجعلك مستثمراً نـاجحـاً.

الفصل العاشر
فيض من اللّه

لقد أكدنا حتى الآن على ست حقائق مهمة فيما يتعلق بالعطاء:

أولاً: النعمة هي مفتاح العطاء السليم، وتُمنح النعمة من خلال يسوع فقط (من خلال الصليب)، وتقبل بالإيمان فقط.

ثانياً: ينبغي أن نقدم نفوسنا أولاً. نحن لا نستطيع شراء إحسان الله، والله يطالبنا بتسليم نفوسنا إليه قبل أن يقبل هو عطايانا.

ثالثاً: يكمل العطاء برنا ويؤكده.

رابعاً: العطاء هو برهان إخلاص محبتنا لله ولإخوتنا المؤمنين.

خامساً: يعمل العطاء على استمطار إحسان الله ومحبته علينا.

سادساً: العطاء هو زرع في حقل الله، وتنطبق مبادئ الزراعة على العطاء. ويريد لنا الرب أن نفهم هذه المبادئ وأن نطبقها لكي ننال البركة، فيكون لنا طعام يكفينا، وبذار لمواصلة الزرع؛ تتوسع مخازننا، وتتكاثر محاصيلنا.

أخيراً نحتاج أن ندرك أن مستوى الإحسان الإلهي لشعبه لا يكون أقل من الفيض! نرى هذه الحقيقة في أحد أقوى الأعداد الواردة في العهد الجديد:

«وَاللَّهُ قَادِرٌ أَنْ يَزِيدَكُمْ كُلَّ نِعْمَةٍ، لِكَيْ تَكُونُوا وَلَكُمْ كُلُّ اكْتِفَاءٍ كُلَّ حِينٍ فِي كُلِّ شَيْءٍ، تَزْدَادُونَ فِي كُلِّ عَمَلٍ صَالِحٍ.»

انظر كيف تضع الترجمة التفسيرية كتاب الحياة هذه الكلمات نفسها:

«والله قـادر أن يجعـل كل نعمـة تفيض عليكم، حتى يكـون لكـم اكتفـاءٌ كُلّـي في كل شـيء وكل حـين، فتفيضـوا في كل عمل صالـح.» (الترجمـة التفسيرية)

ونلاحظ مـرة أخـرى أن النعمـة هـي الأساس وليس الناموس. ونرى مبدأ النعمة هـذا في (٢ كورنثوس ٨: ٩) حيث نقرأ:

«فَإِنَّكُـمْ تَعْرِفُونَ نِعْمَةَ رَبِّنَا يَسُـوعَ الْمَسِيحِ، أَنَّهُ مِـنْ أَجْلِكُمُ افْتَقَرَ وَهُوَ غَنِيٌّ، لِكَيْ تَسْتَغْنُوا أَنْتُمْ بِفَقْرِهِ.»

ينبغي أن تحافظ في ذهنك على هذين المقطعين: (٢كورنثوس ٨: ٩) و (٢كورنثوس ٩: ٨).

يتحدث الأول عـن نعمـة الـرب يسـوع المسيح الـذي افتقـر على الصليب بفقرنـا، لكـي نتشارك نحن بالإيمان في غناه. أما المقطع الثاني فيتحدث

فيه بولس عن مقياس النعمة التي صارت لنا من خلال الصليب:

«والله قادر أن يجعل كل نعمة تفيض عليكم، حتى يكون لكم اكتفاء كلي في كل شيء وكل حين، فتفيضوا في كل عمل صالح.» (الترجمة التفسيرية).

وبتحليل بسيط لهذه الكلمات نلاحظ كلمتين أساسيتين: «تفيض،» و «كل» ونجد الكلمة «تفيض» مرتين في النص، والكلمة «كل» خمس مرات، وكيف يمكن للغة أن تكون أكثر تأكيداً من ذلك؟! عندما يتحدث المقطع عن مقياس إحسان الله لشعبه يقول: «... كل نعمة ... لكم اكتفاء كلي في كل شيء وكل حين، فتفيضوا في كل عمل صالح.» (الترجمة التفسيرية).

فإن كان لك كل اكتفاء في كل شيء وكل حين

لتفيض في كل عمل صالح، لا يعود هناك مجال على الإطلاق لأي احتياج أو عوز في أي جانب من جوانب حياتك.

فلنتحدث قليلاً عن معنى «الفيض Abundance» وتعود الكلمة إلى أصل لاتيني يصف «موجة غامرة»، وبالصورة نفسها يفيض حوض السباحة عندما تغمرها المياه، ويفيض الوعاء عندما يمتلئ فوق سعته، فينسكب الماء على جوانبه.

قال يسوع: «... فَإِنَّهُ مِنْ فَضْلَةِ الْقَلْبِ أي من فيض القلب* يَتَكَلَّمُ الْفَمُ.» (متى ١٢: ٣٤). فعندما يفيض قلبك، إنما يفيض عبر فمك.

ماذا يعني أن ننال فيض الإحسان؟ دعوني أوضح ذلك بطريقة بسيطة جداً: أنت تحتاج إلى

---

* فضلة القلب: أنظر ترجمات عربية أخرى.

شراء لوازم بمبلغ خمسين دولاراً، لكنك لا تملك إلا أربعين. فعندما تذهب إلى السوق، تجد أنك تتسوق في حالة عدم اكتفاء. فإن كنت تملك خمسين دولاراً وتحتاج إلى شراء ما ثمنه خمسون، تكون في حالة اكتفاء؛ أما إذا ذهبت إلى التسوق وأنت تحمل ستين دولاراً، ولست محتاجاً إلى أكثر من خمسين، فأنت تتسوق في حالة فيض؛ أنت تملك أكثر من كفايتك، فأنت إذاً تتمتع بالفيض.

هذا هو مقياس إحسان الله، فهو لا يقدم لنا مجرد كفايتنا. ولو سعينا إلى امتلاك نعمته بالإيمان، لوجدنا أن مقياس عطائه هو الفيض، وهكذا يكون لنا أكثر مما نحتاج إليه.

وينبغي أن نلاحظ أن الهدف الأخير من الفيض هو «كل عمل صالح.» فليس الأمر من قبيل التنعم الأناني، بل هو في القدرة على عمل كل ما هو صالح.

لماذا يريد الله لأولاده أن يتمتعوا بالفيض؟ السبب العملي المحدد نجده في (أعمال ٢٠: ٣٥) حيث يقتبس بولس كلمات يسوع قائلاً:

« مُتَذَكِّرِينَ كَلِمَاتِ الرَّبِّ يَسُوعَ أَنَّهُ قَالَ: مَغْبُوطٌ هُوَ الْعَطَاءُ أَكْثَرُ مِنَ الأَخْذِ ».

والغبطة هنا هي البركة (انظر الترجمة العربية الجديدة، المشتركة)، فهناك بركة في الأخذ، لكن البركة في العطاء أعظم. ليس عند الله أولاد مفضلون، لكنه يريد لكل أولاده أن يتمتعوا ببركة العطاء الأعظم. يوفر الله فيضه لئلا ننحصر في بركة الأخذ فقط، بل نكون في وضع يؤهلنا للتمتع ببركة العطاء التي هي أعظم من بركة الأخذ.

ولاستكمال تعليمي عن العطاء، أريد أن أضيف كلمة تحذير: إن أردت أن يكون لهذا التعليم قيمة في حياتك، عليك أن تعبر عن إيمانك عملياً. لا

يكفي أن تصغي بذهنك لما أقول؛ لا يكفي مجرد قولك: «حسناً، كان هذا تعليماً جيداً؛ ما أجمل هذه الحقائق! فالله يريد لي حياة الازدهار والفيض.» فإن لم تتقدم خطوة واحدة بعد هذه الكلمات، لن يتغير شيء في حياتك.

ينبغي أن تصل إلى مرحلة تطبق فيها هذا التعليم في حياتك بالإيمان، هذا إن كنت قد آمنت به. نقرأ في (يعقوب ٢: ٢٦):

«**لأَنَّهُ كَمَا أَنَّ الْجَسَدَ بِدُونَ رُوحٍ مَيِّتٌ، هَكَذَا الإِيمَانُ أَيْضاً بِدُونِ أَعْمَالٍ مَيِّتٌ.**»

ربما تؤمن في كل شيء، ولا تحصل على شيء، إلا إذا أضفت الأعمال إلى إيمانك؛ ينبغي أن تمارس الإيمان العملي.

فإن أردت هذا النوع من الفيض الذي يأتي بالنعمة لا بالناموس، عليك إذاً أن تُمارس الإيمان

العملـي؛ وهـذا يعني أن تبـدأ أنت بـالعطـاء. هذا ما تعـبر عنه كلمـات يسوع في (لوقـا ٦: ٣٨): «**أَعْطُوا تُعْطَوْا كَيْلاً جَيِّداً مُلَبَّداً مَهْـزُوزاً فَائِضاً يُعْطُونَ فِي أَحْضَانِكُـمْ. لأَنَّهُ بِنَفْسِ الْكَيْلِ الَّذِي بِهِ تَكِيلُونَ يُكَالُ لَكُمْ.**»

هـل تريد أن تُعطَى؟ عليك أن تعطي أولاً. هذا هو الإيمـان، فإن لم تكن راغباً بالسلوك حسب الإيمان، تجـد أنك جمدت انسياب العمليـة التي تغمر حياتك بالازدهار والفيض من الله.

لابـد لنـا أن نتذكـر أن هنـاك فترة بـين الزرع والحصاد؛ فلا يزرع أحدهم اليوم ويحصد في اليوم التـالي، بـل عليه أن يُلقي البـذرة لكي تموت وتدفن في الأرض، بعد ذلك يأتي المحصول. هذا ما يعلمنا إياه بولس في (غلاطية ٦: ٩):

«**فَـلاَ نَفْشَلْ فِي عَمَلِ الْخَيْرِ** وهـذا يتضمن عمل

الخير بمالنا، **لأَنَّنَا سَنَحْصُدُ فِي وَقْتِهِ إِنْ كُنَّا لاَ نَكِلُّ.»**

يقول بولس بضرورة أن ننتظر وقت **الله** المعين للحصاد، فسنحصد في وقت **الله** إن كنا لا نكل، أي لا نستسلم. أما إن نفذ صبرنا أو ذهب إيماننا أو تغير اتجاهنا عن هذه المبادئ، فلا ضمانة لنا من **الله** بالتمتع بالمحصول، ينبغي أن نحيا وأن نسلك بالإيمان في كل جوانب حياتنا، ومن ضمنها جانب المال.

نبذة عن المؤلف

ولد «ديريك برنس» في الهند عام ١٩١٥ من والدين بريطانيين. تعلم اليونانية واللاتينية في اثنتين من أشهر المؤسسات التعليمية في بريطانيا العظمى هما: كلية أيتون وجامعة كامبردج. والتحق بعضوية كلية «kings» للفلسفة القديمة والمعاصرة في الفترة ما بين (١٩٤٠١٩٤٩) في كامبردج. درس اللغات العبرية والآرامية كما يجيد عدداً من اللغات الحديثة.

في السنوات الأولى من الحرب العالمية الثانية، وبينما كان يخدم في الفيلق الطبي للجيش الملكي البريطاني، تقابل «ديريك برنس» مع الرب يسوع المسيح فتغيّرت حياته، وهو يكتب عن هذا الاختبار قائلاً: «بعد أن تعرفت على المسيح استنتجت حقيقتين، لم أعرف سبباً واحداً يدعوني إلى التخلي عنهما:

١- إن يسوع المسيح حي

٢- إن الكتاب المقدس صحيح ومناسب لكل زمان. لقد غيّرت هاتان الحقيقتان مسار حياتي كلها بطريقة جذرية.»

تزوج «ديريك» من زوجته الأولى «ليديا» وتبنى تسع بنات. وعام ١٩٧٥ رقدت «ليديا» فتزوج «ديريك» زوجته الحالية «روث» عام ١٩٧٨.

وصل «ديريك» بأسلوبه اللاطائفي إلى أناس من مختلف الخلفيات العرقية والدينية. وهو معروف كأحد رواد تفسير الكتاب المقدس في العالم. وقد نشر أكثر من ثلاثين كتاباً، تُرجم بعضها إلى أكثر من خمسين لغة.

www.ingramcontent.com/pod-product-compliance
Lightning Source LLC
Chambersburg PA
CBHW071312040426
42444CB00009B/1991
* 9 7 8 9 7 7 6 1 9 4 1 4 4 *